まちを楽しくする仕事

文化とまちづくり叢書

まちづくりに奔走する自治体職員の挑戦

竹山和弘 著

水曜社

まちを楽しくする仕事

―まちづくりに奔走する自治体職員の挑戦―

はじめに

　本書は、まちづくりに魅せられ、自治体職員と社会人大学院生の二足の草鞋を履き、まちづくりや学術の現場に飛び出し、これをまとめた博士論文をもとに執筆したものである。

　私が奉職する、研究開始当時の滋賀県栗東（りっとう）市は、新幹線新駅計画という外発型の手法によるまちづくりが頓挫し、財政問題が顕在化していた。市は緊縮型財政を余儀なくされ、度重なる行財政改革に取り組んだのだが、多くの分野を対象に改革が進められると市民生活への影響が顕著に出はじめた。つまり、まちづくり分野への予算措置は非常に厳しい状況にあった。

　しかし、そのような状況だからこそ、「外の力」に頼らないまちづくりへの新しい取り組みが可能になった。まちに明るいニュースがないなかで、「内からの力」による景観まちづくりを通じて、いくつかの取り組みを進めることができたのである。

　そしてそれらの現場で培った景観を切り口にした内発的なまちづくりの実践事例を通じて、一般化できる事象を探りながら、学術的に取り上げ、その結果として博士論文としてまとめることができた。

　博士論文では、地方自治体におけるまちづくり主体の転換を主題とし、筆者の主体的なプロジェクト参加に基づく実践研究を事例としながら、アクションリサーチ手法により研究を進めた。滋賀県栗東市の自治体職員という立場から、栗東市という「臨床の知」の現場において、ダイナミックなまちづくり活動に立ち会い、これをもとに研究を進めるというスタイルである。それは自治体職員が進める研究スタイルとして、また、学術的に一般化が困難とされるまちづくり研究のアプローチとして、筆者の特長を最大化できると考えたからである。

　読者には、あえて付け加えておきたいことがある。それは、筆者はどこにでもいる平凡な自治体職員であるということだ。近年、注目を集めるい

わゆる「スーパー公務員」のような特別な存在ではなく、ごくごく一般的な市役所の職員である。

　自治体職員は、仕事の処理能力や法的知識、住民対応など、特技や特長に違いはあるものの、総合的な能力差はそれほどないというのが筆者の実感である。あえて筆者の得意分野を挙げるとすれば、まちづくりに向けた好奇心、前向きで創造的な姿勢、いつも理想をめざすモチベーションといったところだろうか。自分で言うのもいかがなものかと思うが、どれも能力というよりも、熱意や意欲といった精神的であり感覚的なものばかりである。つまり、誰でも気持ちの持ちようでどうにでもなることばかりなのではないだろうかというのが筆者の実感である。

　まちづくりには、どこにでもいる自治体職員の生き方を変え、まちづくりにかかわる人々にも笑顔が増える。そして、互いに地域への愛着や生き甲斐のようなものを感じさせてくれることを体感できた。まちづくりはまさに「まちを楽しくする仕事」といえるだろう。

　本書では、筆者がまちづくりの現場と研究を通じて、まちづくりに奔走したプロセスを振り返りながら、まちを楽しくするための方法論や改善・改革の視点を考察しようとするものである。そして、この挑戦の軌跡をたどり、成功や失敗の経験を1つの事例としてご笑覧いただきながら、地方自治体の仲間たちにとっての何らかの気づきや共感を得られたら幸いである。また、これから地方自治体を志す学生や、まちづくりに取り組む多くの地域住民の皆さんにとって、地方自治体職員がもがいている現状や立ち位置を知るきっかけとなり、地方自治体職員と「住民との壁」が少しでも取り除かれ、まちづくりへの足掛かりとなれば、この上ない喜びである。

まちを楽しくする仕事 ―まちづくりに奔走する自治体職員の挑戦―
目次

　　はじめに ……………………………………………………………………… 4

序章 ……………………………………………………………………………… 11
1. まちづくりに魅せられて ……………………………………………… 11
　(1) 市民との壁 …………………………………………………………… 11
　(2) 訪れた転機 …………………………………………………………… 12
　(3) 急転直下したまちづくり …………………………………………… 13
2. なぜ、まちづくりなのか ……………………………………………… 14
　(1) 協働・連携への誤解 ………………………………………………… 14
　(2) まちづくりに向けた2つの軸 ……………………………………… 15
3. 本書の構成 ……………………………………………………………… 17

第1章　外発から内発へ ―公共事業の政策転換― ……………………… 19
1. 政策転換がもたらしたもの …………………………………………… 20
　(1) 政策転換がきっかけに ……………………………………………… 20
　(2) 外発型と内発型の地域開発手法 …………………………………… 21
2. 滋賀県栗東市のまちづくり …………………………………………… 23
　(1) 滋賀県栗東市の経過 ………………………………………………… 23
　(2) 新幹線新駅計画の中止問題 ………………………………………… 26
　(3) 全国的な政策転換の流れのなかで ………………………………… 28
3. 政策転換 ………………………………………………………………… 29
　(1) 嘉田マニフェストの提起 …………………………………………… 29
　(2) 顕在化した問題 ……………………………………………………… 31
　(3) ローカル・マニフェストとしての検証 …………………………… 32
　(4) 事業効果の検証 ……………………………………………………… 33
4. まちづくり手法の考察 ………………………………………………… 35
　(1) 広域連携事業 ………………………………………………………… 35
　(2) 協働・連携の検証 …………………………………………………… 36
5. 政策転換に翻弄されないために ……………………………………… 37
　(1) 事業決断の分岐点 …………………………………………………… 37

(2) リスク・マネジメントと主体の役割 ……………………… 39
　　　(3) 公共事業の推進モデル ……………………………………… 40

第2章　協働型まちづくり ―東海道ほっこりまつり― ……… 45
1. 景観まちづくりのはじまり ……………………………………… 46
　　(1) 内発的まちづくりの息吹 …………………………………… 46
　　(2) 栗東市の景観施策 …………………………………………… 46
　　(3) 栗東市街道百年ファンクラブ ……………………………… 47
2. 東海道ほっこりまつりの挑戦 ………………………………… 51
　　(1) まちの課題の抽出 …………………………………………… 51
　　(2) ほっこりまつりの誕生 ……………………………………… 52
　　(3) 地域住民×自治体職員 ……………………………………… 53
　　(4) みんなの合言葉 ……………………………………………… 54
3. 大学連携 ……………………………………………………… 57
　　(1) 域学連携シンポジウム ……………………………………… 57
　　(2) 大学連携の実現 ……………………………………………… 58
4. 東海道ほっこりまつりの課題と展望 ………………………… 60
　　(1) 失敗からの学び ……………………………………………… 60
　　(2) 暮らしと景観 ………………………………………………… 61
　　(3) 100回をめざして …………………………………………… 62

第3章　里山での景観まちづくり ―観音寺集落編― ………… 65
1. 観音寺景観まちづくりのはじまり ……………………………… 66
　　(1) 百年計画の表紙画 …………………………………………… 66
　　(2)「新たな公」のモデル事業 ………………………………… 68
　　(3) 小さな成功から大きな広がり ……………………………… 69
2. 集落ビジョンづくり …………………………………………… 71
　　(1) 国からの働きかけ …………………………………………… 71
　　(2) 集落ビジョンづくりワークショップ ……………………… 71
　　(3) 美の里づくりコンクールの受賞 …………………………… 72
3. 観音寺集落まるごと里山学校 ………………………………… 73
　　(1) 目標は大きく ………………………………………………… 73
　　(2) 里山学校に向けた体制づくり ……………………………… 74

(3) 開校と体験授業 ………………………………………………… 76
　　　(4) 豊かな暮らしを育む景観まちづくり …………………………… 77
　　　(5) 里山学校からの提言 …………………………………………… 78
　　　(6) 景観とアート …………………………………………………… 79
　　4. 次なるステージへ …………………………………………………… 81
　　　(1) ワカモノミーティング ………………………………………… 81
　　　(2) ハード面での定住促進 ………………………………………… 83
　　　(3) 休止を乗り越えて ……………………………………………… 84

第4章　市街地での景観まちづくり ―安養寺地区編― …… 87

　　1. 地区計画の見直し …………………………………………………… 88
　　　(1) 規制緩和と景観による魅力向上 ………………………………… 88
　　　(2) 間にある都市 …………………………………………………… 89
　　　(3) 市民参加のはしご ……………………………………………… 90
　　2. 安養寺景観まちづくりのはじまり ………………………………… 92
　　　(1) 安養寺景観まちづくり検討委員会 ……………………………… 92
　　　(2) 景観協議会（法定協議会）の立ち上げ ………………………… 94
　　3. 住民主導型への仕掛け ……………………………………………… 95
　　　(1) ハード面での取り組み　―モデル創造方式の運用― ………… 95
　　　(2) ソフト面からの取り組み　―人材育成― ……………………… 99
　　4. エリアマネジメントをめざして …………………………………… 103
　　　(1) 人材発掘の意義 ………………………………………………… 103
　　　(2) 継続性の課題 …………………………………………………… 104
　　　(3) サポート体制の課題 …………………………………………… 105
　　　(4) 今後の展望 ……………………………………………………… 106

第5章　まちづくりに向けた公務領域の再考 …………………… 109

　　1. 公務とは ……………………………………………………………… 110
　　　(1) 対等な立場にたつ ……………………………………………… 110
　　　(2) 行政の無謬性からの解放 ……………………………………… 111
　　　(3) 公務領域の三類型 ……………………………………………… 111
　　2. 公務領域の三類型の分析 …………………………………………… 113
　　　(1) 公務領域の優先順位 …………………………………………… 113

(2) 自治体行政に差が出る追求型 …………………… 115
　　(3) 公私の共存領域にある個人活動型 ……………… 117
　　(4) 自治体組織内での対話 …………………………… 119
　3. 行政の無謬性を乗り越えるために …………………… 119
　　(1) 組織マネジメントの変革を ……………………… 119
　　(2) 不断の探求心と挑戦する意欲を ………………… 122
　　(3) 公と私のすみ分けを ……………………………… 124
　　(4) オモシロイと思えるか …………………………… 125

第6章　人と人のつながりの価値 …………………… 129

　1. まちづくり活動の実践段階へ ………………………… 130
　　(1) 住民参加型の意義 ………………………………… 130
　　(2) まちづくり活動の場 ……………………………… 131
　　(3) 「新しい公共」が生まれる自治体とは ………… 132
　2. まちづくり組織づくりのありかた …………………… 134
　　(1) 地域住民と外部人材とのつながり ……………… 134
　　(2) 地縁型コミュニティ×テーマ型コミュニティ … 138
　　(3) 自治体職員のつながりをつくる ………………… 141
　3. ネットワーク・マネジメント ………………………… 144

終章 …………………………………………………………… 147

　1. まちを楽しむための仕掛け …………………………… 147
　2. まちを楽しくするための能力 ………………………… 149
　3. 残された課題　―住まう景観まちづくりの課題と展望― ……… 151

　　あとがき ………………………………………………… 154

　　参考文献一覧 …………………………………………… 156
　　索引 ……………………………………………………… 159

序章

1. まちづくりに魅せられて

(1) 市民との壁

　団塊ジュニア世代と呼ばれる筆者の学生時代、バブル経済の崩壊を目の当たりにし、就職戦線は一変した。手のひらを返したように売手市場から買手市場に変わり、それまで見向きもされなかった地方公務員への人気は急上昇していた。

　こんな時代であったとはいえ、筆者が地方公務員を志望したのは、安定志向からではなかった。シンプルにいえば、「山を守りたい。湖をきれいにしたい」という漠然とした感覚。真の豊かさや心の充足感に関心があったといえば綺麗ごとのようであるが、バブル経済の異常さに嫌悪感をもっていた。民間企業のノルマや成果主義の競争原理ではハッピーにはなれない。もっと人の幸せな暮らしに直接的に貢献できる仕事に携わりたかったのだ。

　こんな漠然とした希望をもち、早く社会人として一人前になりたいと考えていた。だから、仕事（職務）には真摯に向き合い担当する業務の自己研鑽にも励んできた。しかし、理想とは違う日々の業務に追われるなかで、希望にあふれていた想いは埋没し、いつしか既存の枠組みのなかで「市民との壁」を感じるようになっていたのだ。

この「市民との壁」とは何なのか。市民からは「公務員は楽でいい。仕事をしていない」という厳しい見方を。いわゆる「公務員バッシング」である。その一方で、行政からは「市民からは苦情が出る。また要望か」という偏った閉鎖的な見方を。このような関係性が組織全体として存在し、まるで探り合うような市民との関係性に壁を感じていたのだ。この壁に違和感をもっていたが、日々の日常業務に流され、いつしか予定調和的に物事を捉えるようになり、理想主義は誰かにお任せして、プライベートを楽しむようになっていた。

（2）訪れた転機

　栗東市に入庁して約10年が経過するころ、筆者に転機が訪れた。都市計画を担当し、地域別のまちづくり構想を検討するため、市内の全小学校区を対象にワークショップ形式の懇談会を開催していた。このワークショップでは、まちづくりに向けた夢やアイデア、多くの住民からの前向きで郷土愛に満ちた話し合いが繰り広げられていたのだ。このグループ討議のなかで、もともと自分自身のなかにあったものが甦ってきた。
　「担当の自分も想いを語っていいのだろうか。市民意見を聴きたいのに自分は語ってはダメであろう。しかし、この議論には入り込みたい。むしろ、ここは自分の想いをいったほうが、この議論はもっと盛り上がるのではないか」
　そして、思い切って自身の体験や想いを語ったとき、市民たちの真剣な眼差しが筆者に降り注ぎ、自然と議論の輪に入り込むことができたのだ。そして議論を交わすなかで、相互に信頼関係のような安心感、仲間意識をもつようになり、まちづくりを楽しく話し合うことができたのだ。
　このとき「市民との壁」が、みごとに無くなっていることに気づいた。自らが一歩踏み込むことで、「壁」なんてものは簡単に消し去ることができる。市民と夢やアイデアを共有することのダイナミズムに感動さえ覚えたのだ。「次代のために素晴らしいまちを創りたい」こうした想いは、本来、市民も自治体職員も同じ方向性をもっている。しかし、そんな当たり

前のことに感動を覚えるくらい、自治体職員と市民との関係は、何ともいえない寂しい関係にあるのではないだろうか。
　しかし、こうして一歩踏み出して、市民とともに意見を交わしながら「こうなったら良いな」という夢やアイデアに、互いに共感をもち、夢が現実となる成功体験を味わうことができれば、市民と真に信頼しあえる関係が生まれるだろう。

（3）急転直下したまちづくり

　一方、こうしたまちづくりのダイナミズムに触れ、まちづくり活動に奔走しはじめたころ、わがまちを揺るがす大問題が発生した。平成18 (2006) 年滋賀県知事選挙で争点として扱われた新幹線新駅問題である。これを契機に、市のまちづくりの方向性や、市民との合意形成のありかたなど、さまざまな課題が噴出することになった。そして、まちづくりは楽しいばかりではなく、厳しさや難しさも併せもつことを思い知らされたのだ。この新幹線新駅問題を通じて、まちづくりを進めていくべき正しい方向性はどうなのか、憤慨する市民対応のありかたはどうするべきなのか、誰のための公共なのか、これまでの取り組みは何だったのか、さまざまな思いが錯綜していた。こうした閉塞感が漂う地方自治の現場で、恩師の言葉に心が震えた。
　「まちづくりに凍結なし」
　新幹線新駅計画の是非を問う議論のなか、多様なステイクホルダーたちがさまざまな想いを主張し、まちづくりの方向性が混沌としていた。しかし、そんな状況にあっても、常にまちは呼吸を繰り返しているのである。まちは人体に喩えられることがある。活気があって「まちが元気」であるとか、賑わいをなくして「まちが衰弱している」など。まさに人が暮らしつづける限りまちは生き物であり、だからこそ、まちづくりは凍結することはできないのである。
　こうして市民との協働・連携の醍醐味に触れつつ、まちづくりの危うさも目の当たりにし、まちづくりの清濁を含めたダイナミズムに触れ、まち

序章　13

づくりに向けた知的好奇心に火がついていた。こうした好機に、恩師からの誘いもあり大学院に社会人入学し、学術的に研究するとともに、現場で奔走する日々が始まったのだ。

2. なぜ、まちづくりなのか

(1) 協働・連携への誤解

　協働や連携の必要性は、市民からも行政からも求められて久しいが、いまだに根強い大きな誤解があるのではないだろうか。それは、人口減少や経済成長が見込めないなかで、行政側が従来までの公共サービスを提供できなくなったために市民が公共部門に巻き込まれているとするものだ。確かに少子化・高齢化が進行するなかで、社会保障費の増大という財政的な懸念もある。ならば、所得税や法人税、あるいは消費税を今まで以上に高く設定して徴収すれば良いという議論にも陥りかねない。不足分を起債で賄うことは、将来世代への負担の転嫁を意味し安易に選択すべきではない。しかし、何より重要なのは、拡大が懸念される公共サービスに対して、どのような解決策があるのか、当事者意識をもって行政に参画し、持続発展的な思考で向き合うことにある。そして、あらゆる分野でのまちづくりへのかかわりを通じて、まちの主体としての誇りや愛着といった郷土愛をもつことにあるのではないだろうか。

　かつて、わが国の地域社会は、道普請や結などをはじめとする「みんなの仕事」、つまり公共性のある仕事を共同で取り組んできた素地がある。税金だけ納めてあとは行政にお任せというものではなく、自分たちの知恵と工夫、あるいは個々の特性に応じて、自分たちでできることは自分たちが主体となり、公共性や公益性のある活動に向き合うことが重要なのである。

　西尾は、まちづくりの課題と担い手に関して「住民も職員も誤解しているのであるが、まちづくりはまちぐるみで行うもの。そうでなければ決して成功しない。」(西尾勝、2013：30) とし、行政主導による限界を指摘し

ている。行政主導でまちづくりを進めることには限界があり、協働・連携型や住民主導型により進めていくことが必要なのである。

　しかし実態としては、いまだに外発型の地域開発で発展期にある地方自治体や、人口減少、あるいは少子化・高齢化などの問題が顕在化していない地域では、右肩上がりの時代に進められた行政主導型の地方行政システムに安住し、市民意識も公共サービスの享受者、つまり受動的な立場のままにある。この真逆にあるのが中山間・離島地域などの条件不利地域である。行政主導では立ち行かない状況に陥り、地域課題の解決に向け内発的なまちづくりを通じて地域住民や市民団体等がさまざまな役割を担い、「新しい公共」として地域再生に向け、取り組む先進的な事例も増えている。こうした人口減少という地域課題の先進地に、今こそ学びながら、遅かれ早かれ全国各地で発生する問題に備え、公共部門やまちづくりに向けた主体形成を図ることが、地方自治体の使命だといえるだろう。

(2) まちづくりに向けた2つの軸

　筆者は、博士論文「地方自治体におけるまちづくり主体の転換に関する研究」を通じて、基本的な方向性として掲げてきたことが2つあり、これを図示したのが図1と図2である。図1では、外発的なまちづくりから内発的なまちづくりを軸にしたもの（外発的なものを排除するものではない）への手法の転換を、図2では、行政主導型から協働・連携型、住民主導型への主体の転換を示し、今後、進むべき方向性を図示している。さまざまな公共サービス部門において、まちづくり主体の転換を図ることが求められており、これからの地方自治体は、主体の転換をいかにして進めていくのかが重要なのである。

　市民参画や協働・連携によるまちづくり、あるいは内発的なまちづくりを進めることを基本姿勢とすることの真意とは何なのか。自分自身がまちづくりに魅せられた真の目的を、自問自答しつづけてきた。そしてたどり着いた答えは「まちへの愛着や郷土愛（シビックプライド）をもつこと」である。まちづくりに取り組むことはシビックプライドを育み、まちに主体

的にかかわることで、まちへの誇りや愛着が醸成され、日々の暮らしに幸福感や充足感を得ることができることに、真の目的があるのではないだろうか。

　本来、市民がまちづくりにかかわることに、こんな大上段に構えて意義や目的を明らかにすることには何の意味もなく、むしろ不要なことである。まちづくりが楽しいから、勉強になるから、興味があるから、新たな人とのつながりができるからなど、多種多様であって良いのだ。しかし、地方自治体（職員）が明確なビジョンをもち、市民参画や協働・連携の意義を共有するためには、あえて真の目的を共有することが必要である。担当者によってまちづくりのモチベーションに差異が生じるということは、いくらでもある話であり、その影響を市民に与えてはいけないのだ。

　これからの地方自治体では、まちづくりに関心をもつ市民の多い少ないが、まちづくりをマネジメントするうえで大切な要点となる。明確なビジョンを共有し、来るべき人口減少時代にも、市民から愛され、市民が誇りをもてる地方自治体でありつづけなければならないのだ。

図1　まちづくりの軸足のイメージ

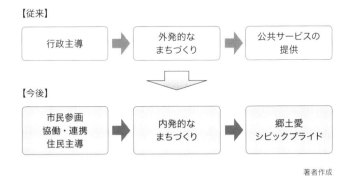

著者作成

図2　市民参画と協働のビジョン

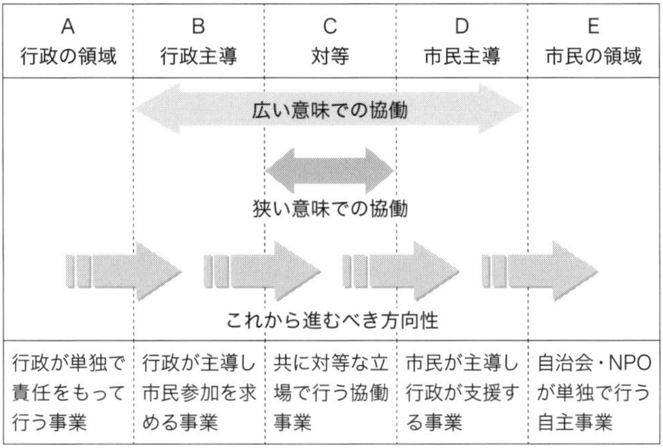

A 行政の領域	B 行政主導	C 対等	D 市民主導	E 市民の領域
行政が単独で責任をもって行う事業	行政が主導し市民参加を求める事業	共に対等な立場で行う協働事業	市民が主導し行政が支援する事業	自治会・NPOが単独で行う自主事業

B〜D：広い意味での協働
C：狭い意味での協働
これから進むべき方向性

出典　山岡義典『時代が動くとき』（ぎょうせい、1999年）を参考に筆者作成

3. 本書の構成

　筆者のまちづくりに向けた立ち位置は、行政主導から住民主導、協働・連携型へのまちづくり主体のシフトであり、外発的なまちづくり中心から内発的なまちづくりを軸としたまちづくり手法へのシフトである。この挑戦者としての筆者が取り組んできたまちづくり活動のマイルストーンとして、本書を書き記すものであり、図3の構成で論述を進めていきたい。

　なお、本書では、地域のまちづくりに関連する市民を「地域住民」とし、一般的な住民を「市民」として扱うことにしたい。

図3　本書の構成

序　章	筆者がまちづくりに魅せられた経緯をたどるとともに、筆者の基本姿勢を示し、なぜいま、まちづくりに向き合うのかを整理する。

【事例編】

第1章	外発から内発へ　―公共事業の政策転換― 外発的なまちづくり（新幹線新駅計画）の政策転換事例を通じて、まちづくりの進め方や、政策転換のありかたとしての事業決断の分岐点、リスク・マネジメントのありかたを考察し、公共事業の推進モデルを検討する。
第2章	協働型まちづくり　―東海道ほっこりまつり― 協働型まちづくりとして「東海道ほっこりまつり」の取り組み事例を紹介する。また、多様なまちづくり活動の起点となった街道百年FCや、大学連携の実現に向けた経過をたどり、協働・連携の進め方を考察する。
第3章	里山での景観まちづくり　―観音寺集落編― 中山間地域にある里山集落での小さな成功の積み重ねにより活動の輪が広がった観音寺事例を紹介し、その集大成ともいえる観音寺集落まるごと里山学校の経過と実践をたどり、定住促進に向けた今後の展望を考察する。
第4章	市街地での景観まちづくり　―安養寺地区編― 地区計画の見直しや景観による魅力向上を通じて、地域活性化や地域コミュニティの強化に向け、住民主導型のエリアマネジメント組織の立ち上げをめざした事例を紹介する。

【検証編】

第5章	まちづくりに向けた公務領域の再考 まちづくり活動を通じて模索してきた自治体における公務のありかたを、公務領域の三類型に分類し考察し、行政の無謬性を乗り越えていくための自治体マネジメントのありかたなどを検証する。
第6章	人と人のつながりの価値 まちづくりを計画段階から実践段階につなげ「新しい公共」を育むため、人と人のつながりに注目したネットワーク・マネジメントを検証するとともに、自治体マネジメントのありかたを考察する。

終　章	まちを楽しむための仕掛けや自治体職員の能力開発を提案するとともに、残された課題として、住まう景観まちづくりの可能性を整理する。

第1章

外発から内発へ ―公共事業の政策転換―

　本章では、筆者が学術の世界に飛び込んだきっかけとなった新幹線新駅の中止問題を考察したい。筆者は、この新幹線新駅の中止問題の研究を通じて、まちづくりを外発型と内発型に類型化して考察するにいたった。特に、本事例は、外発的なまちづくりの政策転換からリスク・マネジメントの必要性を痛感する事例になったのである。政策転換が提起された背景やまちづくりへの影響を分析することは、今後の公共事業や地域開発として、外発的なまちづくりを進めるうえで重要な意味をもつことになるだろう。

　近年、増加傾向にある公共事業の政策転換は、地方自治体におけるまちづくりに大きな影響を与えるものである。マニフェストによる選挙が一般化するなか、公共事業の政策転換は世論を反映し、いつ提起されるかわからないといえるだろう。安定経済成長時代にあっては財政状況が厳しく、多額の事業費を要する公共事業には厳しい視線が投げかけられているのだ。しかしその一方で、政策転換が影響して、まちづくりを思わぬ方向へと導くことは、世論をつくる市民も望まない事態といえる。このため、政策転換の「事業決断の分岐点」を提起するとともに、公共事業の政策転換をリスク・マネジメントするための公共事業の推進モデルを提案したい。

　このため、滋賀県栗東市による新幹線新駅計画の推進経過をたどり、政策転換を提起した嘉田マニフェストの分析や事業効果の検証、さらにはまちづくりの進め方を考察したい。

1. 政策転換がもたらしたもの

（1）政策転換がきっかけに

　筆者がまちづくりに関心をもち始めたころ、栗東市を揺るがす重大な問題が発生した。東海道新幹線新駅設置事業の中止問題である。当時、担当していた都市計画マスタープランの策定作業は最終段階に入っていたが、市民参画を得ながら進めたにもかかわらず、新幹線新駅建設の是非を問う議論に翻弄されることになったのだ。都市計画マスタープランは、全体構想としてのまちづくりの基本方針や分野別の構想、そして市民に身近な地域別構想などにより構成されている。新幹線新駅計画は全体構想に位置づけられる市の大型プロジェクトであるが、この計画の是非をめぐり滋賀県レベルでの議論に発展したことで、計画策定の公表ができなくなったのだ。つまり、広域レベルの政治的な思惑の渦中に巻き込まれてしまったのだ。

　策定に携わる担当者としては、策定に向け参画してくれた多くの市民の想いを、計画書の公表というカタチにできないもどかしさを感じていた。すでに事業着手していた新幹線新駅計画の是非を選挙の争点にすべきなのか、公共事業の政策転換による影響をどう処理するのか、さまざまな疑問をもちながらも、政治的な論争に発展した状況をただ見守ることしかできなかったのだ。

　結果的には、関係するステークホルダーの対話を尽くした結果ではなく、時間切れという最悪の形で中止が決定してしまったのである。しかし、「嘉田旋風」という言葉が示すとおり、当時のマスメディアや世論は、この政策転換に向けて熱気を帯びて支持する状況にあったのだ。

　「この事実は、誰かがしっかりと後世に伝えていかなければならない。良くも悪くも滋賀県にとって重大な歴史的出来事である」

　これも恩師の言葉である。政策転換の影響を受けた自治体職員の立場としては、市への損失は市民生活に影響する問題である。だからこそ政策転換による影響に強い憤りを感じ、研究者としては冷静さを欠く状況にあった。大学院の指導教員からも、研究対象として相応しくないのではという

声も上がっていた。しかし、恩師の言葉のとおり、「誰かがやらねば多くの関係者が、まさに血と汗と涙で苦労して進めてきたことすべてが忘れ去られてしまう。それではあまりにも悲しすぎるではないか」そんな使命感をもつようになり、社会人大学院生としてこの問題を取り上げ、公共事業の政策転換のありかたや推進方策など、本来的なまちづくりの進め方を研究することになった。だからこそ自らの気持ちを水平に保つよう心掛け、自分自身が感じた疑問を解きほぐしていく形で研究に向き合うことにしたのだ。

　新幹線新駅問題という政策転換に対して、恨みつらみを記すことが目的ではなく、滋賀県で生じた政策転換による影響やまちづくりの進め方の課題や解決策を探るための研究である。まず注目したのは、新幹線新駅計画が外発的なまちづくり手法であったことであり、外発型、内発型のまちづくりを考察したい。

(2) 外発型と内発型の地域開発手法

　地域開発手法は、まちづくりの推進に向けた主体性や手法から「外発型」と「内発型」に区分することができ、鶴見和子の『内発的発展論』では、こう記されている。

────「西欧をモデルとする近代化論がもたらすさまざまな弊害を癒し、あるいは予防するための社会変化の過程」であるとし、内発的発展とは「(1)食糧、健康、住居、教育など、人間が生きるための基本的要求が満たされること、(2)地域の共同体の人々の共働によって実現されること、そのことを自助とよぶ、(3)地域の自然環境との調和を保つこと、(4)それぞれの社会内部の構造変革のために行動をおこすこと」とし、これらの要件を充たすような発展の様式と生活の様式とは、「それぞれの地域の人間集団が、それぞれ固有の自然環境、文化遺産、男女の地域共同体成員の創造性に依拠し、他の地域の集団との交流を通して、創出することができる（鶴見和子、1989：43-46）

これは内発的発展論が、近代化論に対する「もう一つの発展」[1]と同義語としたうえで、イギリス、アメリカ等の先発国に対して後発国（非西欧社会はすべてが後発国）は、その手本を借りて近代化を遂げたか、あるいは遂げつつあるため、これらを外発的発展とみなし二者択一に分類したものである。なお、「外発的発展」の理念は、地域の外部からの資本導入による「規模拡大」と「集約化」による経済的な発展であり、その目的は「産業化・専門化」「労働の促進」と「資本の流動化」であり、昭和48（1973）年のオイルショックを契機に、近代化が陰りを見せ始めた1970年代中頃から国内外で内発的発展モデルが台頭し始めたとされている。近代化をめざした外発的なまちづくりによる弊害を乗り越えていくためには、内発的なまちづくりが必要として捉えることができる。

　一方、後藤は、内発的発展と外発的発展に対して『景観まちづくり論』でこう記している。

――― 二項対立では問題は解けなくなっており、両者のハイブリッドに位置づけられる「共発的まちづくり」を提唱し、地域内に閉じた発展のモデルではなく、他都市や他地域との協調・連携のもとで地域の自律を探るものであり、市民がこれまで地域を育んできた実績やその社会的記憶、さらには市民独自の問題解決能力をもとに多元多発的なガバナンスを目指すもの」（後藤春彦、2007：110）

　また織田は同様に『臨地まちづくり学』でこう記している。

―――「外発的地域開発」とは、当該市町村や地区にとっては外部にいる主体である国、県、地域外企業などが各々の目的達成のために行う開発であり、地域にとっては外部にある開発主体が主体性・主導性、一般性・画一性、閉鎖的完結性、外部計画性、理念優先性、偶発性をもって行う地域開発であり、これらの特質を総じて「外発性」と称している。「内発的地域開発」とは、市町村行政や住民（議会や自治組織、NPO等を含む）、地域内に活動基盤を置く企業（地域

企業)、諸団体等の地域構成員が自ら考え、地域課題の解決や将来のあるべき姿を実現するために地域の主体性・主導性、地域的独創性、地域構成員の参加・参画性、計画性、運動優先性、持続性をもって行う地域開発であり、これらの特質を総じて「内発性」と称し、この内発性をもって物的開発整備および経済的・社会的・文化的な面で開発行為を行うこと（織田直文、2005：31）

 このように、二類型に区分できる一方で、織田も、両者の長所を合わせもつた国土開発・地域開発論が存在しないのかという問題意識にたち「ひらかれた内発的地域開発としてのまちづくり」（織田直文、2005：35）という概念を提起している。
 このように後藤、織田ともに、外発型と内発型を定義しながらも、これらを二項対立として捉えるのではなく、「共発的まちづくり」や「ひらかれた内発的地域開発としてのまちづくり」として捉えている。
 筆者も同様に、外発的なまちづくりを否定するのではなく、内発的なまちづくりに軸足を置くべきという視座に立っている。これは、平成26(2014)年12月に閣議決定された人口ビジョンや総合戦略でも指摘されたとおり、東京一極集中が人口問題の原因の1つとされるなかで、これからの地方自治体におけるまちづくりでは、東京をはじめとする大都市部から人、企業等を受入れていく方向にある。こうした意味でも、内発型だけに限定するのではなく、外発型も併せもつハイブリッド型が望ましいことは必然的な方向性といえるだろう。

2. 滋賀県栗東市のまちづくり

(1) 滋賀県栗東市の経過
 滋賀県栗東市は、いわゆる平成の大合併により誕生した地方自治体ではなく、平成13（2001）年10月、単独で市制施行し、平成29（2017）年11月現在、人口68,798人、27,183世帯の小規模な地方自治体である。その原形となる栗東町は、昭和29（1954）年、町村合併促進法により4カ村が合

併して形づくられた。昭和38（1963）年、わが国で最初の高速道路として名神高速道路が栗東IC−尼崎IC間で開通し、これをきっかけとして地理的優位性を活かし交通の要衝として、内陸工業系の工場立地が進み、都市的発展を果たした。

　民間紙によるデータ[2]ではあるが、住み良さランキングで全国総合1位に輝いた経験もあるとおり、潤沢な財政基盤を背景として福祉水準の高い裕福な地方自治体であった。また、この財政基盤を背景に、昭和58（1983）年度から平成21（2009）年度までの27年間、地方交付税不交付団体であったことは、外発的なまちづくりが、一定の効果を上げて公共サービスが充実していた証左といえるだろう。

　しかし、平成19（2007）年の新幹線新駅計画の中止が1つの契機となり、危機的な財政問題が急激に顕在化した。そして、リーマンショックを始めとするさまざまな社会経済情勢の影響を受けるなかで、度重なる行財政改革を余儀なくされたのだ。これらの背景や効果額等を整理すると、表1–1のとおりとなる。

　また、度重なる行財政改革の原因の改善のために、（新）集中改革プランの策定と同時に、平成24（2012）年1月、栗東市土地開発公社経営検討委員会を設置し、抜本的改革に向けた検討に着手したのである。その結果、（1）経営健全化に向けて1日も早い対応が必要である、（2）公社存続の意義が見いだせない、（3）三セク債[3]を活用することで財政破綻のリスクが小さくなる、という結論にいたり、三セク債を活用して公社を解散することが最善策であるとされたのだ。

　同検討委員会の報告書では、県の突然の政策変更で新幹線新駅プロジェクトが中止に追い込まれ、それが引き金となり、先行取得していた用地が目的を喪失したと評価されたことが大きな要因とされており、栗東市の財政破綻の根源であったとしている。

　また、三度にわたる行財政改革を断行するとともに、三セク債の発行により公社を解散するなど、着実に財政の健全化に取り組んできたことで、財政改革に向けた一定の目途が立つ状況にある。

表1-1　行財政改革の概要 (滋賀県栗東市)

1. 財政再構築プログラム				
期　間	平成20 (2008) 年度―平成22 (2010) 年度		効果額	約16.8億円（実績額）
背　景	（1）急激な人口増加による施設整備などへの対応 （2）低い公共料金と高水準な福祉サービスなどの提供 （3）それによる扶助費（福祉や教育に関する個人への給付）や公債費（市の借金の返済額）、施設の維持管理費など、毎年必要になる経費の大幅な増加 （4）国の「三位一体の改革」や県の行財政改革による市の負担の増加 （5）たばこ税の県への交付制度の創設（地方税法改正）による市たばこ税収減少 （6）新幹線新駅の中止による負の影響による栗東市土地開発公社（以下、「公社」という）の信用力低下と新たな財政支出（公社への毎年の財政支援など） （7）自治体財政健全化法の施行による「将来負担比率」基準を超える可能性			
2. 更なる財政再構築プログラム				
期　間	平成22 (2010) 年度―平成24 (2012) 年度		効果額	約3.6億円（実績額）
背　景	リーマンショックによる世界同時不況など、景気の急激な落ち込みによる（個人・法人）市民税収の悪化 たばこの値上げなどによる市たばこ税収の更なる落ち込み			
3.（新）集中改革プラン				
期　間	平成24 (2012) 年度―平成26 (2014) 年度		効果額	約15.2億円の効果額
背　景	（1）地方税法の改正による市たばこ税収の更なる落ち込み （2）新幹線新駅関連事業の中止により保有地が事業目的を失ったことによる公社の資金不足と借入金利の上昇 （3）公社の年度末における資金調達の困難性 （4）財政健全化判断比率の一つである市の「実質赤字比率」の基準超過の恐れ （5）国や県の制度変更による扶助費の増加			

「第六次栗東市行政改革大綱　評価・検証結果報告書（総括版）」を参考に筆者作成

　柏木は、「財政再建への道のり―どん底からどのように抜け出したのか」と題する連載論文の第1回に滋賀県栗東市を取り上げ、「栗東市の財政難は新幹線新駅中止が大きな要因であったが、市税収入の変化や施設整備による市債発行の影響もあり、歳入増加・歳出抑制に加えて、三セク債や借換債の発行など、あらゆる再建策を用いて、窮地を脱したことがわかった」（柏木恵、2015：228）としており、政策転換の影響を受け、栗東市に財政問題が生じたことが明らかであろう。

図1-1 滋賀県栗東市

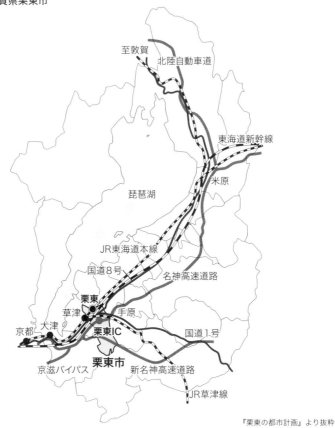

『栗東の都市計画』より抜粋

(2) 新幹線新駅計画の中止問題

　新幹線新駅計画の中止問題とは、平成18（2006）年の滋賀県知事選挙で、滋賀県栗東市で計画されていた新幹線栗東新駅の「限りなく中止に近い凍結」が、嘉田候補のマニフェストの中心施策として掲げられ、選挙の争点として取り上げられることとなった大型プロジェクトであり、平成19（2007）年中止された計画である。この計画の概要を整理しておきたい。

　新幹線新駅計画とは、東海道新幹線の地元請願駅（仮称）南びわ湖駅を建設する計画である。事業主体は滋賀県、栗東市、東海道新幹線（仮称）

栗東駅設置促進協議会[4]（以下、「促進協」という）そして東海旅客鉄道株式会社（以下、「JR東海」という）の4者により地元請願駅として建設するものであり、特徴の1つとして単一の自治体で事業負担や事業効果が完結しない点があげられる。本章では、こうした公共事業を「広域連携事業」と表記するが、広域連携事業は複数の自治体等が主体であることから、事業推進の意思決定にあたり複数の首長、議会などの主体間調整が必要となり、事業推進に向けた合意形成が困難であるという特徴がある。

　新幹線新駅計画の経過を辿ると、昭和39（1964）年、東海道新幹線は開通し、栗東町（当時）は昭和44（1969）年より栗東町議会に「新幹線新駅誘致特別委員会」が設置されている。その後、継続的な要望活動がおこなわれ、昭和63（1988）年、滋賀県が県内新駅2駅設置のうち栗東駅先行設置の基本方針を決定した。

　平成14（2002）年4月、4者による新駅設置の基本協定書が締結され、新幹線新駅の建設が正式決定した。事業費は駅舎建設のみで約240億円、このほか周辺整備事業として栗東新都心土地区画整理事業（栗東市施行・約300億円、以下、「区画整理」という）や草津線新駅建設事業（地元請願駅・約55億円）などが計画され、すでに事業着手されていた。また、駅舎建設箇所が盛土区間にあったため、仮線工法が採用され、事業費が割高であるという特徴もあげられる。

　基本協定に基づき協議が進み、平成17（2005）年、工事協定書を締結し、翌年の平成18（2006）年5月より工事に着手していた。しかし、同年7月の滋賀県知事選挙で、嘉田由紀子氏が当選し栗東新駅の「限りなく中止に近い凍結」という政策転換の意向を示し新知事となり、新駅計画の是非をめぐる議論が生まれたのだ。

　その後の新駅計画の是非をめぐる議論では、行政の継続性を主張するステークホルダー（利害関係者）との対立関係が形成され、平成19（2007）年10月、促進協での「工事協定書」の履行合意に至らないなかで、JR東海との協定類が期限切れという形で終了し、新幹線栗東新駅計画は中止となったのだ。

新駅計画中止後は、平成20（2008）年9月に栗東新都心地区まちづくり基本構想策定検討委員会を設置し、「後継プラン」としてまちづくり基本構想が策定されている。平成29（2017）年現在においても、「後継プラン」に基づき、産業立地の促進を中心に土地利用を図る地域と位置づけ、「環境」と「新技術」をテーマに次代を担う産業立地を図るべくまちづくりが進められている。

（3）全国的な政策転換の流れのなかで

　この政策転換の事例に対し、実施段階にある公共事業を「わずか1年で、しかも後に残る大きな傷跡を残さずに終息しつつある」（上山信一、2009：35）とし、早期に解決したと高く評価する有識者もいる。確かに、当時の公共事業は、「一度決めたら必ず実行する」といわれるほど、公共事業を政策転換することは困難を極めていた。また、八ッ場（やんば）ダム事業や諫早湾干拓事業などのように、事業の是非を問う議論が長期化する事例は少なくなかった。こういう意味では、滋賀県による新幹線新駅計画の中止問題は、早期に解決した事例とみることもできるだろう。

　しかし、政策転換後の滋賀県栗東市（新駅建設予定地）には、行政の継続性の問題として、都市計画法を始めとする土地利用規制や関連用地として先行取得した土地の問題、事業推進に向け投じてきた財政上の問題、そして事業推進に協力した地域住民や地元企業に対する補償問題や信頼関係の問題など、数多くの課題が噴出していた。それにもかかわらず、解決への道筋も明らかにされていなかったのが実態である。つまり、新幹線新駅問題の事例は、当時の政策転換に対する高い評価の一方で、内実としては多くの深刻な課題が残されていた事例だったと、筆者は捉えている。

3. 政策転換

(1) 嘉田マニフェストの提起

　最初に新幹線新駅計画の政策転換を提起したものとは、平成18（2006）年滋賀県知事選挙における嘉田候補のマニフェスト（以下「嘉田マニフェスト」という）である。嘉田マニフェストで政策転換を提起した理由とは、第1に新駅設置箇所の立地の不便さ、第2に滋賀県の財政状況の悪化と先行投資事業としての不採算性、第3に他事例との比較による事業費が割高であることである。この知事選で嘉田候補は勝利し、知事就任後、ただちに嘉田マニフェストの実現に向け、栗東新駅事業の「限りなく中止に近い凍結」を主張したのだ。

　しかし、実施段階にあったことから滋賀県議会や栗東市などとの激しい議論や対立が生じた。特に、表1-2に示すとおり、栗東市長選や統一地方選など相次ぐ選挙では争点として注目され、マスメディアもこれを大きく取り上げ、事業の是非をめぐり推進派と凍結派がさまざまな議論点で対立関係を構築したのだ。表1-3は栗東新駅の是非をめぐるおもな論点を整理したものである。

　推進派は事後対策の提示、マニフェストの不備などを主張、凍結派は選挙結果による「民意」を主張するという構図に終始し、双方の主張は平行線を続け、時間だけが経過し、発展的な課題解決にはいたらなかった。

　そして、平成19（2007）年2月の促進協とJR東海の協議では、事業着手していたことから、契約上の損害賠償請求の有無に注目が集まったが、結果として地元の意見調整のためにJR東海が期限付きの猶予措置を提示し、新駅設置の意思決定を期限内に調整することで合意したのである。しかしその後も、滋賀県と栗東市などによる新駅建設の是非をめぐる議論は平行線を続け、期限内での結論を得られずに、工事協定は猶予期間の期限切れという形で破棄され、栗東新駅事業の中止が決定したのだ。

表1-2　栗東新駅設置決定と中止にいたるおもな経過

年　月	事　象
昭和63 (1988) 年12月	滋賀県、県内新駅2駅設置のうち、栗東駅先行設置の基本方針決定
平成14 (2002) 年　4月	JR東海、滋賀県などの四者で新駅設置の基本協定書締結（正式決定）
平成17 (2005) 年12月	JR東海、滋賀県などの四者で工事協定書締結
平成18 (2006) 年　7月	滋賀県知事選挙で嘉田候補が、栗東新駅の「限りなく中止に近い凍結」を提起 新知事が工事負担金の支払い拒否
10月	栗東市長選挙
平成19 (2007) 年　2月	JR東海へ促進協が工事費減額を要請 （工事協定による負担金支払期限を、地元での方向性の結論のため10月末日までの猶予決定）
4月	統一地方選挙（滋賀県議会、栗東市議会）
6月	参議院選挙
10月	期限切れにより中止決定

筆者作成

表1-3　栗東新駅の是非をめぐるおもな論点

議論点	推進派	凍結派	結果
工事協定	契約に基づき履行を要求	方針に基づき履行を拒否	期限切れで中止決定
事業効果	再検証調査結果から事業効果を主張	深度化調査からの事業効果の縮小を主張	中止決定
土地区画整理法76条申請	法令遵守要求	許可手続きを遅延	許可（滋賀県）
起債差止訴訟	三審まで控訴	事業財源の不備を指摘	起債行為差止
損害賠償の見解の相違	促進協発足から起算 150億円程度（栗東市）	工事協定から起算 30億円程度（滋賀県）	未解決※1
事後対策プラン	議論の前提に提示を要求	早期に提示を言及	未解決
新駅と区画整理の一体性の有無	一体性を主張	別事業を主張	一体性あり

※1　損害賠償金額は記者発表などの数値（未確定の金額）。

筆者作成（栗東新駅事業の中止決定時点）

（2）顕在化した問題

　実施段階にあった栗東新駅事業が中止したことにより、事業地の栗東市ではさまざまな影響が顕在化した。第1に、土地利用規制の問題である。都市計画法や土地区画整理法に基づき、新駅設置に向けた土地利用規制が敷かれていたが、事後対策が明確にならないなか、事業中止後も土地利用規制のみが残存した。栗東市は地権者の過度の土地利用規制の解除に向け、栗東新都心土地区画整理事業現行計画検証有識者会議[5]（以下、「有識者会議」という）に諮問し、その結果を受け区画整理を廃止した。なお、表1-3の議論点にある区画整理と栗東新駅の一体性に関して、滋賀県は損害賠償を回避するため否定したが、有識者会議が新駅中止に伴う区画整理の中止を提言[6]したように一体性が証明されたといえる。

　第2に、栗東市では財政問題が顕在化し、平成19（2007）年に公布された自治体財政健全化法にいう財政再生団体への転落の危機に陥った。栗東新駅事業は実施段階にあったため栗東市土地開発公社（以下、「公社」という）による新駅関連事業用地の先行取得にも着手していた。自治体財政健全化法では公社等の決算も連結して評価するため、新駅関連の約114億円の公社負債が影響し、同法にいう将来負担比率で、健全化を求められる基準に近い状況となったのである。このため、栗東市は地方交付税不交付団体であった状況から一変し、行財政改革に取り組むことになったのである。

　第3に、地域住民である地権者にも深刻な影響が出た。平成8（1996）年8月、新駅設置箇所が栗東市下鈎地先に決定したが、このさい、地域住民には一切の説明がなされていない状況にあった。地域住民は栗東新駅設置によるさまざまな地域への影響を懸念し、次の点を指摘し事業着手に難色を示していたのである。第1に総事業費が高すぎる、第2に地域全体としての盛り上がりに欠けている、第3に在来線とのアクセスが不便な点である。しかし、再三にわたる滋賀県・栗東市からの要請[7]により、地権者は消極的な合意に達したのである。つまり、栗東新駅事例は地元請願駅とはいえ滋賀県や栗東市などの行政主導により進められたことが明らかであろう。

一方、地権者は嘉田知事が掲げた政策転換の理由に類似した点を指摘しているが、大きな相違点として、嘉田知事が経済的な視点に注目したのに対し、地権者は地元の盛り上がりを指摘したのである。つまり、公共事業の進め方にも注目し、事業実現の担保を図るなかで栗東新駅事業への協力を決断したといえるだろう。しかし、「新駅の凍結は民意」という政策転換が提起されると、事業の是非を議論する場に入ることもなく、行政側から要請されたはずの栗東新駅事業は中止となったのだ。これは地方自治の基本である市民と行政との信頼関係の問題といえるだろう。つまり、滋賀県民全体の経済的合理性の前に、地域住民である地権者に与える心理的な不安や不満が軽視されたといわざるを得ないのだ。

　そして栗東新駅中止後は、すでに工事着手していたこともあり農地は破壊され土地利用も制限されていた。また、関連企業がすでに物件移転（着手済み）して取り残された企業地権者は、経営上の多大な損失を受けた。地域住民は政策転換の影響により経済的にも、心理的にも影響を受けたといえるだろう。

(3) ローカル・マニフェストとしての検証

　政策転換への契機として直接的な要因となったのが嘉田マニフェストである。マニフェストは政策実現性が高いことが特徴であるが、適切なマニフェストとしての条件として、北川は『マニフェスト革命　自立した地方政府をつくるために』でこのように記している。

　───選挙で候補者が理念・ビジョンを示し、当選した暁には民意を背景に、価値前提の経営を行う。この選挙で示す理念や確実に実行するための体系だった政策集が「マニフェスト」である。そして、意識して「期限・財源・工程」を明記する重要性を強調する（北川正恭、2006：12）

　一方、マニフェストには注意すべき特性として、選挙に勝つために悪用される可能性があり、「第1に効果的に有権者へ発信するため感情に訴え

かける政治的な特性、第2にシングル・イシュー（単一争点）に感情的となり有権者が流されやすくなる特性、第3に多数決原理により独善的になる特性」（北川正恭、2006：78）がある。つまり、民意はしばしば理性を欠くことに注意を要するのだ。

　嘉田マニフェストを検証すると、政策転換後の事後処理、財源措置などが不十分であり実現不可能な内容も含まれていた。また、政策転換にあたり「対話」を強調していたが、結果的には時間切れという形で決着がついたことも忘れてはならない。

　また、独善的になるという特性としては、「もったいない」というワンフレーズにより感情に訴えかけ、「嘉田旋風」と呼ばれた強い支持により「新駅凍結が民意」というシングル・イシューで多数決原理を主張し、政策転換に導いたといえないだろうか。このほか、新駅問題の事後処理費を明確にせず、福祉・教育・安全の各分野に充てるという大衆迎合的な財源措置を提示していることも指摘せざるを得ない。

　このように新人候補として情報収集に限界があったとはいえ、嘉田マニフェストは従来型の選挙公約のように政策実現性の低いものであったといえる。しかしその一方で、財政状況が厳しいなか公共事業の見直しを主張する問題提起が、県民意識を掴んだことも事実といえるだろう。

　なお、全国的にも注目を集めた平成18（2006）年滋賀県知事選挙における有権者の投票行動は、「新駅問題をシングル・イシューとして活用し、「もったいない」のワンフレーズに共感が集まった結果」（丸山真央ほか、2008：38-40）と分析した研究論文も公表されている。

（4）事業効果の検証

　政策転換を提起したもう1つの要因が事業効果である。平成15（2003）年、促進協が予測した新駅需要や経済波及効果に対し、嘉田知事の方針により栗東新駅問題の議論の材料として、滋賀県は事業効果を再検証した。さらに詳細に分析する必要があるが、表1-4を概観すると事業効果は下方修正されたものの先行投資に見合う効果は存在したとみることができない

だろうか。

　しかし、マスメディアは推計値の大幅な縮小に注目した。本来、調査結果により経済的効果を公平・公正に評価するならば、前提条件の修正にも配慮したうえで、表1-5に示した経済波及効果と事業中止の損害を経済比較することが妥当な情報開示である。

　一方、事業効果とは、短期的な効果と中・長期的なものとがあり、これらを総合的に評価しなければならない。つまり、栗東新駅事例では京阪神都市圏から自立して、観光振興、地域振興などに寄与する中・長期的な事業効果があり、滋賀県としてのアイデンティティーにも注目すべきではないだろうか。これは、平成24（2012）年8月、リニア新幹線の整備を見据えたなかで、嘉田知事が京都駅-米原駅間に新幹線新駅が必要とする発言や、平成25（2013）年12月に策定された「滋賀交通ビジョン」でも、同様に新幹線新駅が必要と位置づけたことからも明らかである。

　このように事業効果を概観すると有権者は、公共投資としての支出に注目し、事業効果による経済効果や税収効果などの外発的なまちづくりとしての効果、中・長期的にみた地域政策としての内発的なまちづくりへの効果には、あまり関心を示さなかったといえる。これは公共投資による将来負担への憂慮と、地域政策として事業効果を共有できていなかったことが関係しているといえるだろう。

表1-4　再検証結果の概観

項　目	深度化調査 （H15年度）	再検証調査 中位予測 （H18年度）
新駅利用者数	8,938人/日	7,050人/日
経済波及効果	3,770億円	1,677億円
税収効果	113.1億円	54.7億円

筆者作成

表1-5　栗東新駅の是非による経済比較

		支　出 (H34時点まで)		収　入 (H34時の中位予測累計)	
新駅推進	新駅建設費	240億円	経済効果 (建設効果) (経済効果) 税収効果 (建設効果) (経済効果)		3,077億円 1,677億円 86.5億円 54.7億円
	周辺整備費	300億円			
	草津線新駅費	55億円			
新駅凍結	負担金交付金 (損害賠償)	16億円+α	経済・税収効果		なし
	事後対策費	未定	経済・税収効果		未定

筆者作成（栗東新駅事業の中止決定時（平成19(2007)年10月現在）で明らかとなっていたデータを参考に作成）

4. まちづくり手法の考察

(1) 広域連携事業

　広域連携の公共事業であることに注目すると、栗東新駅事例では駅舎建設予定地である栗東市が中心的役割を担い過ぎたのではないだろうか。平成13（2001）年の栗東市の単独市制施行により滋賀県南部地域の合併が頓挫したという地方自治体間における社会的背景もあり、駅舎建設という拠点開発的な事業効果を、栗東市が囲い込むような状況が生じていたと考えられるのだ。また、新駅という拠点開発事業に対し、拠点を活かして「線」や「面」として活かすという議論ではなく、周辺自治体は競合する拠点の増加を懸念したとさえ見ることができる。つまり、栗東新駅事業では新駅設置による相乗的な効果を高める地域間の協働・連携があまり機能せず、地域間の競争として事業負担の軽減に注目が集まっていたのだ。そして、事業効果を縮小して捉える風潮を生み、事業への期待感や盛り上がりに欠ける環境にあったといえる。また、滋賀県全体からみた場合、事業効果が栗東市に集中する、あたかも栗東市単独の事業として取り扱われていたとさえ考えられるのだ[8]。

(2) 協働・連携の検証

　栗東新駅事業の推進にあたり、どのような主体が協働・連携により事業効果を高めようとしたのか。織田は、まちづくりの効率的な推進には、産業界、行政、市民、大学等、地域外主体の連携（産公民学際連携）が必要と指摘している。この枠組みで、新駅計画の状況をまとめたものが表1-6である。これを分析すると、産・公による推進が目立っており、経済的効果を直接享受する栗東市の産業界を中心に事業が進められたと考えられる。つまり、協働・連携により事業効果を高める状況というより、外発的な開発発展型のまちづくりであったといえ、内発的な側面が不十分であったといえるだろう。

表1-6　連携・協働から見た栗東新駅事業

主体	産	公	民	学	際
定義	企業 事業団体 産業団体	行政機関	住民 市民団体 NPO	教育 研究機関 大学	国際 地域外 交流
栗東新駅計画主体の状況	新幹線（仮称）南びわ湖駅早期開業推進協議会 滋賀の元気なまちづくり会議など	滋賀県、栗東市をはじめ、周辺市なども含め多くの行政機関が関与する。	新幹線（仮称）南びわ湖駅早期開業推進協議会や、地権者説明会などNPOなし	基本構想の段階より学識者の関与 教育・研究機関はなし	基本構想の段階より地域外への視察。学識者の招聘による情報収集
広域的視点による分析	県内企業の関連	促進協が中心的	栗東市に限定的	教育研究機関との関係は限定的	地域外からの交流は限定的

織田直文『臨地まちづくり学』（サンライズ出版、2005年）を参考に筆者作成

　表1-7は、昭和63（1988）年3月、地元請願駅として開業した静岡県掛川市における新幹線掛川駅と栗東駅との比較である。この表から注目すべき事象として、第1に駅舎建設費用の格差、第2に広域連携事業を円滑に進めた点、第3に募金金額と地元の盛り上がりに差異がみられるといえるだろう。

表1-7 掛川駅と栗東新駅の比較

比較の視点	新幹線掛川駅	新幹線栗東新駅
駅舎建設費	約135億円	約240億円
事業決定	昭和59（1984）年	平成13（2001）年
駅の開業	昭和63（1988）年3月 開業	平成19（2007）年 10月　中止決定
新駅利用者	約11,700人 （2006年実績の平均）	開業10年後、約8,900人 （再検証調査・中位推計）
広域連携	平成の大合併以前であるが県、4市20町村の協力 県、周辺自治体の費用額約54.6億円	促進協を中心に県、7市協力（観光目的の大津市含）、 県、周辺自治体の費用額（計画）約137.3億円
促進運動 （募金運動）	市民募金運動を始めとして、市長のリーダーシップにより県や周辺自治体と連携 [募金実績額　約30億円]	行政と産業が強いかかわりをもち進められた。新駅問題の最中に募金運動 [目標額　10億円]
その他 注目事象	「生涯学習都市宣言」制定 　昭和54（1979）年 「掛川学事始め」など	栗東市単独市制 　平成13（2001）年 地方交付税不交付団体

榛村純一『随所の時代の生涯学習』（清文社、1991年）を参考に筆者作成

　つまり、広域連携型の公共事業を着実に進めるためには、社会経済情勢の変化を的確に読み取り、協働・連携により費用負担も事業効果も相互に享受する姿勢が求められるのだ。特に、拠点開発という特性をもつ駅舎建設事業では、なおさら、協働・連携の体制に注目し事業推進すべきなのではないだろうか。

5. 政策転換に翻弄されないために

(1) 事業決断の分岐点

　本章では、新幹線栗東新駅事例により公共事業の政策転換がもたらす地方自治体や地域住民への影響や、公共事業の進め方について考察してきたが、こうした事例は今後も全国各地で起こりうるといえるだろう。今後、公共事業をまちづくりとして推進するためには何が必要なのか、公共事業

の政策転換のありかたやまちづくりの進め方を考察したい。

まず提案したいことが政策転換を提起する側の課題として、公共事業の政策形成過程のなかに「事業決断の分岐点」を位置づけるべきことである。政策転換と事業プロセス段階との関係性から見ると、一般的な公共事業は図1-2のとおり、A「構想」、B「計画」、C「実施計画」、D「実施（着手）」、E「完了」という段階を踏む。A、B、C段階での政策転換の社会的影響と、D、E以降では、量的にも質的にも大きく異なると考えられる。このため、政策形成過程の分岐点を「事業決断の分岐点」と定義したものである。いわゆる北海道で進められた「時のアセスメント」は、A、B、C段階のものを、一定期間ごとに見直そうとするものであるが、D、E段階は実施段階に入っており、これを中止する場合の法的手続きや、これに伴う損害賠償、そしてまちづくりの連続性を担保する制度なども、現在のところ未整備である。

図1-2　政策形成過程と政策転換の関係

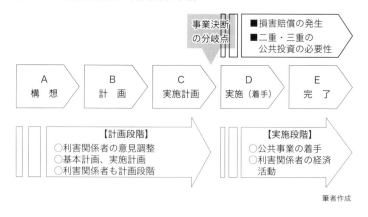

筆者作成

栗東新駅事例はD段階にあり、事業決断の分岐点を超えていたが、事業着手と同じ時期に滋賀県知事選挙があり、県としての関与が打ち切られたことで事業が成立しなくなったのだ。本来、マニフェストにより事業決断の分岐点を超えた公共事業の中止を求める場合、それまで投資した費用に加え、現状復旧や事後対策として二重・三重の公共投資が必要となる。

このほか地域住民や企業は、事業実施に合わせ生活設計や企業活動を組み立て経済活動は始動しているのだ。このため、事後対策のプランなどを明確に示し、事業推進に協力した利害関係者への影響を最小化し、政策転換による諸課題の解決に責任をもつ必要があるといえるだろう。

次に、公共事業の政策転換を提起する主体の行政責任の位置づけと、政策転換により影響を受ける利害関係者の救済、または利害調整するシステムの構築である。民意を受け公共事業を政策転換するのであれば、その影響を受けた利害関係者に対し、当然に不利益の救済措置の責任を果たさなければならない。しかし、政策転換を求める民意だけが優先し、行政責任を果たさなければ行政への信頼関係は崩壊することになるだろう。また、財政危機を理由として責任を完結しないものも同様である。つまり、この問題の根底には、県（民）益と地元（民）益の関係性が内包しているのである。栗東新駅事例では、滋賀県民全体にとって利益をもたらす選択が、結果として新駅関係者（地権者や栗東市）の大きな不利益を発生させたのだ。こうした利害関係を調整する、あるいは特定の不利益者を救済する仕組みが必要といえるだろう。しかし、誰がどの範囲で責任を負うのかという枠組みも、一般化されていないのが実態であり、政策転換の責任の法的な位置づけが必要ではないだろうか。

(2) リスク・マネジメントと主体の役割

新幹線栗東新駅計画の事例では、滋賀県や栗東市の総合計画や都市計画、議会で承認された予算、さらには工事着手を決定した民事上の契約行為（工事協定）など、あらゆる事業実施の手続きを終えていた。それにもかかわらず政策転換は実現したのだ。これは一定の周期で繰り返される選挙で首長の交代が生じれば、実施中の公共事業も政策転換が提起される可能性があることを意味している。公共事業主体はこうした事態が発生することをリスク・マネジメントしなければならないのだ。

事業計画段階から多様な市民意見を聴取し、市民合意を得ながら進めることが基本となる。これに加えて実施段階の場合であっても、一定のサイ

クルで事業経過を公表しつつ、事業推進による効果と中止による影響を情報開示し、説明責任を果たしながら事業継続の市民理解を得ていくことが求められるのだ。

　また、国、都道府県、市町村の間には、行政主体としての規模や役割に大きな差異が存在する一方、広域連携事業は事業負担に応分の違いこそあれ、契約上の主体という民事上の見方では同等の立場にある。栗東新駅事例でも、工事協定は4者（滋賀県・栗東市・促進協・JR東海）で交わされ、それぞれが対等の主体であった。特にこの事例では、自治体の役割と規模に差異がありながら、拠点開発的な事業特性から、工事費の負担額は同程度であったのだ。しかし、結果として事業凍結を求めた滋賀県知事の影響力や権限の強さが勝り、事業中止にいたらしめたのである。本来、都道府県知事には広域行政を担い狭域行政を支える役割がある。特にあらゆる手続きを終えていた栗東新駅が中止にいたった事実は、知事の影響力や権限の強さが、市町村の意思決定を凌駕していることの証左ともいえるだろう。つまり、こうした行政主体の役割と影響力を十分に認識し、協働・連携による主体的なかかわりを得ながら事業推進を図ることも必要なのである。

（3）公共事業の推進モデル

　近年の地方財政の逼迫した社会経済環境からも、世論は大型の公共事業を見直そうという厳しい視線を投げかけている。しかし、地方自治体では独自の持続的発展、地域政策として実施すべき公共事業も存在するはずである。このため、今後の公共事業を進めるうえでの要点を考察したい。

　第1に、多様な主体が事業効果を高めるために協働・連携して進め、効果をともに享受し、内発的なまちづくりとして取り組むことが必要である。栗東新駅事例では、経済的な波及効果などを主目的とした外発的なまちづくりとしての側面が目立つ公共事業であったが、内発的な協働・連携が不十分であったために事業中止・凍結を求める議論が生じたと考えられる。後藤がいう「共発的まちづくり」や織田のいう「ひらかれた内発的地域開発としてのまちづくり」が機能すれば、また違った展開を見せた可能性も

あるだろう。

　これまでの右肩上がりの時代には、既存の計画や公共事業は、手続きどおりに進めていれば推進できたが、安定経済成長時代にあっては選択と集中が求められ、住民自治の立場から公共事業も注目される。つまり、外発的なまちづくりが先行することには限界があり、公共事業も内発的に進める必要があるのだ。五十嵐も「公共事業依存症候群を乗り越える内発的発展の方策」（五十嵐敬喜・小川明雄、1997：205）を示しており、内発的発展の必要性を指摘している。つまり、外発的なまちづくりとしての公共事業であっても、内発的な手法を取り入れ地域住民をはじめとする多様な主体が協働・連携することが必要なのである。

　社会経済情勢等の諸条件に大きな差異はあるが先行事例との比較でも明らかなように、多額の地元負担を強いても事業を完遂した掛川駅の事例では、榛村市長（当時）が進める生涯学習のまちづくりにより地域住民や企業、関係自治体などが協働・連携を深め、内発的なまちづくりとしての気運を高め、事業推進にあたったことが大きく関係していると考えられる。

　次に、内発的なまちづくりとして事業推進するために前提となるのが情報の共有である。栗東新駅事業の政策転換の背景には、公共事業に向けた厳しい市民感情が存在し、事業への盛り上がりに欠け賛同が拡がらなかったのだ。つまり、新駅設置による事業効果を期待感として共有できなかったことが、事業中止を求める世論を形成したといえるだろう。

　これらの協働・連携による公共事業の推進については、川口もNPM（New Public management）手法としてPPP（Public private partnerships）により、公共性の高いプロジェクトを効率的に進めることに注目している。これを補完する意味で協働・連携により多様な主体がかかわることで、効率性だけに留まらず、あらゆる主体に当事者意識を育み、効果的な公共事業本来の必要性の共有に繋がるといえるだろう。

　栗東新駅事例では、事業効果を検証すると十分な事業効果が認められ、中・長期的な滋賀県のアイデンティティーなどの多様な事業効果にも注目すべきであった。しかし、これらが情報共有されていなかっただけでなく、

事業効果の再検証のさいには、マスメディアの関心は事業効果の縮小にのみ注目したことからも、既に世論の関心は政策転換に傾注していたといえる。

このように事業推進の気運が欠けた背景には、公共事業の推進過程における情報共有の方法にも課題があったと考えられる。公共事業を円滑に推進するためには、説明責任を果たすだけでなく情報を積極的に開示し、事業の必要性を共有しながら内発的な手法を重視したまちづくりとして進めなければならないのだ。

これまでの考察をもとに図1-3では、政策転換に対応する公共事業の推進モデルを提示している。公共事業の政策転換を議論の俎上にあげるならば、その前提として公共施策の事業決断の分岐点を市民合意として共有し、その一方で、公共事業主体はリスク・マネジメントを意識し、情報開示により事業目的を共有し、内発的なまちづくりにより多様な主体が協働・連携して進める必要性を示している。

一方、多様な主体が公共事業の計画段階から主体としてかかわることは、公共事業自体の目的や効果を共有することで、事業の是非をめぐる議論を早い段階で解消することにも繋がるであろう。こうした意味でも、今後の公共事業には公共事業の推進モデルで示したとおり、リスク・マネジメントを意識し、情報共有を図り、多様な主体の協働・連携により事業推進を図ることが望まれるだろう。たとえ時間がかかろうが手間がかかろうが、公共事業は内発的なまちづくりに軸足を置き事業を進めなければ、政策転換による混乱を招くリスクがあることを肝に銘じておかなければならないのだ。

筆者は、利益誘導的な外発的なまちづくりに関心をもつ立場ではないが、新幹線栗東新駅計画の政策転換は何だったのかというのが実感である。時計の針を戻すことは叶わない。しかし、この事例から内発的なまちづくりに軸足を置くことの大切さを認識し、多様な主体が協働・連携することの大切さを、教訓として学びとらなければならないだろう。

図1-3　公共事業の推進モデル

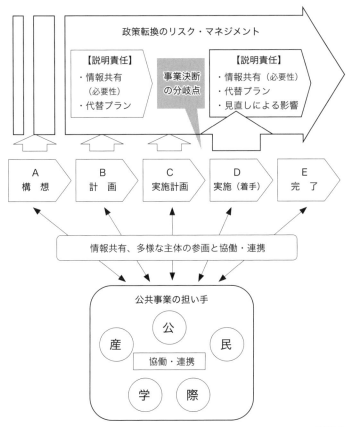

筆者作成

注

1　1975年、スウェーデンのダグ・ハマーショルド財団が提出した第7回国連特別総会に対する報告書で示された近代論がもたらす様々な弊害を癒し、あるいは予防するためのもの。
2　東洋経済別冊151『都市データパック』2005年版、東洋経済新報社、2005年
3　総務省が5年間（2009-13年度）の特例で、第三セクターなどの解散や再建を条件に発行を認めた地方債。
4　滋賀県、栗東市、周辺自治体等により構成。
5　新駅計画の中止を受け、新駅設置を前提とした区画整理への影響を、専門的かつ客観的に検証するた

めに栗東市が設置した有識者による会議。なお、有識者会議による検証の結果、区画整理は新幹線新駅の設置が大前提であり、現行計画のまま事業を推進することは必要性の無い公共施設整備という過剰投資とともに、関係地権者に必要以上の減歩を課すという資産価値保全の原則に抵触する事態に陥ることを提言した。これを受け、栗東市は区画整理の廃止について、滋賀県公共事業評価監視委員会へ審議を依頼し、同様の見解を受け区画整理が廃止となっている。
6 「栗東新都心土地区画整理事業現行計画検証報告書」栗東新都心土地区画整理事業現行計画検証有識者会議、2008年、30-37頁。
7 「県と栗東市の発展のために必要な駅であり、是非、協力してほしい。行政を信用してください。」という説得に押され消極的な同意にいたったと地権者の中村勘治氏は話す（2007年10月21日朝日新聞より抜粋）。
8 平成14（2002）年の新駅設置正式決定後、新駅設置箇所の利便性などを理由として、大津市の促進協からの退会意向の表明、甲賀市の負担金減額要請など、滋賀県と栗東市が主導する事業に対し、周辺自治体の支出に温度差が生じた（朝日新聞　2006年10月15日ほか）。
9 滋賀県北部には新幹線米原駅が存在するため、2006年滋賀県知事選挙のさいも、湖北地域を中心として「新駅は利用しない」という新駅不要論が多数であった（朝日新聞　2006年9月30日ほか）。

第 2 章

協働型まちづくり
―東海道ほっこりまつり―

　本章では、地域まちづくりの計画づくりが発端となり、地域住民と行政の協働型のイベントとして開催されることになった東海道ほっこりまつりを紹介したい。このまつりは新幹線新駅計画の是非が議論され、まちが元気を無くしている状況のなか、内発的なまちづくりの息吹として始まったものである。地域住民と自治体職員の想いが重なったとき、従来まで考えもしなかった企画を実現することができた。筆者にとっては、まちづくりのダイナミズムを最初に実感した原点ともいえるイベントである。この東海道ほっこりまつりという内発的なまちづくり事例が、どのようにして誕生し、どのように成長してきたのか、その経過を振り返ることで協働・連携型のまちづくりの可能性を考察したい。

　協働・連携型のまちづくりを進めるためには、多様な主体をつくっていくことも必要である。このため、最初に組織したまちづくりグループである街道百年 FC の設立や大学連携の実現など、ゼロから始めた協働・連携の主体づくりの経過をたどり、多様な主体と協働・連携する意義や効果を考察したい。

　また関係者たちは、東海道ほっこりまつりを地域文化として根づかせるため、100回の開催をめざしている。そのために必要となる課題や解決策を考察していく。

1. 景観まちづくりのはじまり

(1) 内発的まちづくりの息吹

　新幹線新駅中止により状況が一変するなか、滋賀県との信頼関係の悪化や政策転換による対立構造による心理的な不信感、財政状況の悪化にともなう将来に向けた不安感など、まちは閉塞感に包まれていた。しかしその一方、同じ時期に進められていた市民参画や協働によるまちづくりの条例づくりや、景観条例や景観計画による景観まちづくり等を通じて、内発的なまちづくりが動き出そうとしていた。これは財政状況の悪化による危機感によるものなのか、なおも議論を要するところであるが、将来への展望を閉ざされたまちが、内発的な活動により少しだけ元気を取り戻そうとしていたのだ。

　筆者は、こうした状況から景観まちづくりの担当として、歴史街道である東海道沿道地域や、中心市街地、さらには、中山間の農村集落におけるまちづくり活動に取り組んでいくことになる。従来までのハード中心の景観まちづくりといえば、公共施設の高質整備や、街並みづくりに向けた補助制度など、多額の公費を投じることが前提であった。しかし、財政難にあるなかでソフト中心によるまちづくりしかできない状況にあったため、必然的な流れだったともいえる。本章では、財政難という苦境にあるなかで、これを好機に変え、まちづくりの再出発として景観からのまちづくりを協働・連携により挑戦してきた事例を考察したい。

(2) 栗東市の景観施策

　平成20 (2008) 年6月、滋賀県栗東市は「風格都市栗東」の実現をめざし「百年先のあなたに手渡す栗東市景観計画」(以下、「百年計画」という) を策定した。この委員会で議論の中心となったのが「風格とは」である。都市の風格とは何か。委員会がたどり着いた答えは「百年間しっかりと継続した景観施策を進め、都市の風格を身に着けること」であった。いい換えれば、現時点における市の「風格」は不十分であるが、百年かけて市民

主役を基本姿勢に景観づくりに取り組みつづけることで風格を身に着けようというものである。風格の不十分さを真摯に受け止め、ゼロから始める姿勢は、いわゆる観光振興を意図とした景観まちづくりとは一線を画するものであり、地域への誇りや愛着に着目するものであったといえるだろう。

委員会の策定プロセスでは、景観論議を効果的に演出するため、すべての会議で風景を楽しむ「場」で開催することにした。市役所の会議室という殺風景な場所で景観が議論できるのかという心意気である。駅前のコミュニティセンターを皮切りに、国指定文化財の大角家住宅 旧和中散本舗やJRA栗東トレーニング・センターでの開催など、市の景観特性を味わいながら、景観談議に花が咲くように意識したのだ。また、4回という限られた会議の開催回数を補うために、会議後には会食の機会を設け、会議での議論がより深堀りされるようにした。会食時での議論に対しては、賛否両論がある。お酒を飲んだときだけの勢いに任せた議論になってしまい、その場限りで発展しないことがあるからだ。しかし筆者は、会食の機会、いわゆる飲みニケーションをポジティブに捉えている。飲みすぎに注意なのは当然だが、人と人の付き合いのなかで腹を割った話し合いの機会をつくる効果は、他に代えがたいものがあるからだ。いずれにせよこの会食の機会を通じて、予定調和を超えた議論が展開できたのも事実であり、新しいアイデアや目から鱗の発想を聴く機会となったのだ。こうして生まれたのが、独自施策である「風格づくり会談」[1]であり、「堂々りっとう!!景観記念日」[2]などの特長的で、一歩踏み込んだ景観施策になったといえる。

また、この景観計画づくりでも注目されたのが、東海道ほっこりまつりである。このまつりは、景観計画を策定するという好機に合わせ、歴史街道を活かすための社会実験として企画されたものであり、歴史街道である東海道沿道地域である岡、目川地域における地域まちづくりの議論から発案されたものである。

(3) 栗東市街道百年ファンクラブ

一方、地域住民と自治体職員との協働・連携だけでなく、テーマ型のコ

ミュニティとしてのまちづくり活動団体が同じ時期に動き出すことになった。きっかけになったのは、平成20（2008）年、栗東市が事業主体となり、国土交通省の「地域における人材の受け入れ体制の整備支援モデル調査」に採択されたことだ。これを機に、栗東市街道ものがたり百年協議会（以下「百年協議会」という）が設立され、その実働組織として栗東市街道百年ファンクラブ（以下「街道百年FC」という）を設立したのである。母体となる百年協議会は、図2-1に示したとおり、大学、商工会、観光物産協会、青年会議所、建築士会、森林組合、地域まちづくりグループ、そして行政機関といった組織（団体等）で構成された。この百年協議会が国土交通省のモデル事業を受託し、歴史街道という地域資源を活用し、空き家活用などの可能性を模索する事業を展開したのだ。この街道百年FCでは、形式的な協議会から一歩踏み込んだ実働組織として「誰でも、好きなときに、好きなだけ」を合言葉に、まちづくりに関心を共有する仲間が集結するかたちで組織することにした。

図2-1　百年協議会の組織構成

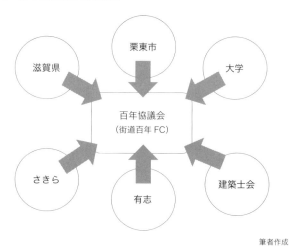

筆者作成

図2-2 人材のネットワークモデル

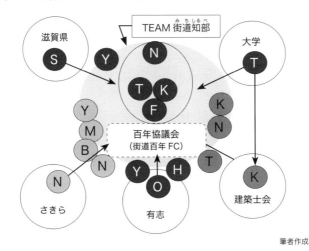

筆者作成

　百年協議会を母体としつつ実践的な活動の展開をめざし、まちづくり活動に意欲のある人材を獲得するため、中心的なメンバーを口コミで集め始めた。このネットワークモデルは、図2-2のとおりとなる。歴史街道という景観まちづくりを切り口としたこともあり、最初に中心的な役割を果たしたのが建築士会のグループである。街道百年FC会長には建築士でもある谷口浩志教授が就任し、教授からの紹介を受けた滋賀県建築士会の木村敏氏や野邑辰治氏、また、自らもまちづくり活動に取り組む滋賀県職員からは、清水安治氏、滋賀県立大学の社会人大学院生であり工務店に勤務する吉本智氏が加わった。このほか、建築分野からはまちづくり活動に関心をもつ工務店社長の大角守氏や、まちづくりコンサルタントの藤原英一氏、長谷川智氏、そして筆者を含めた自治体職員などの事務局メンバーが集まり、その後のまちづくり活動を牽引する中心メンバーの骨格が形成されたのだ。そして、建築という分野以外からも、まちづくりに関心のある地域住民や自治体職員など多様な主体がかかわり始めることになった。ファンクラブ形式という緩やかなネットワーク体制をとり、活動の中核（コア）を担うグループとして自らを「TEAM街道知部」とよび、街道百年FCの

図2-3 街道百年FCの活動（レプリカ看板製作）

街道百年FCメンバー撮影

コアメンバーとして活動を牽引していったのだ。このころには SNSが発達していなかったこともあり、メーリングリストによりまちづくり活動に向けた情報共有や意見・アイデアの交換などを積極的に交わし合った。こうした情報交換を通じて、メンバー個々のミッションを共有し、主体的なかかわりを奮い立たせることができたのではないだろうか。このTEAM街道知部が中心となり、まちづくり活動の企画立案を担う体制を構築したのだ。そして事務局である市が、関連する地域まちづくり団体やまちづくり活動への参画意識の高い地域住民をつなぎ、まちづくり活動の場を提供したのである。そして地域住民も、活動への強力なサポート役として参画し、街道百年FCの初期のモデル事業を遂行したのである。

　またその後には、モデル事業の実績を通じて建築以外の分野からも関心が集まりだした。芸術文化の分野からは、栗東市の文化施設である栗東芸術文化会館さきらの運営スタッフの西川賢司氏や松崎正明氏らが加わり、アートイベントや芸術文化を地域まちづくりに取り入れるなど、活動の幅が大きく拡がっていくのである。このほか、緩やかな組織形態としたことで、大学による活動フィールドとしての提供や、大学ゼミとの連携事業、観光物産協会との連携事業など、多種多様なプロジェクトの実践に発展していくことになった。

　これらのネットワークのハブ的な役割を担ったのが、事務局を務める自治体職員（筆者）である。多種多様なメンバーのつなぎ役であり、おもに活動フィールドを提供する役割を担った。そして、街道百年FC自体が、

市の景観施策を展開する原動力となり、地域に飛び出して先進的なモデルづくりに挑戦してきたのだ（図2-3）。行政がもつ市民からの信頼性をもとに、地域まちづくりのきっかけを起こし、その活動フィールドを開くことで、メンバー個々のミッションに沿った活動を展開したのだ。

2. 東海道ほっこりまつりの挑戦

（1）まちの課題の抽出

　滋賀県栗東市は、国土幹線である名神高速道路栗東ICや、国道1号、8号の分岐点といった交通の要衝としての特長をもっている。この地域特性は、歴史的にみても東海道や中山道というかつて「江戸の五街道」の2つの歴史街道が通過するという特徴をもっていた。しかし近年では、国土幹線の慢性的な渋滞の影響により、歴史街道は抜け道として通過交通が流入することで非常に危険な道となり、いつしか歴史資源としての誇りと愛着が失われつつあったのだ（図2-4）。こうした東海道が通る地域でまちづくり計画を策定する機会があり、住民参加型によるまちづくりワークショップが始まったのである。

　まちづくり計画を策定するにあたり、住民参加型の会議を開催するとき、行政職員は個人的な意見を出さない傾向がある。もちろん住民意見を尊重するという立場から遠慮しているのであるが、否定的な見方をすると裏方に回りすぎていて、主体性を欠いているようにも感じられなくもない。

　筆者は、まちづくりをマネジメントするさい、ブレインストーミング的な思考法で物事を進める

図2-4　東海道の通過交通

筆者撮影

ように心がけている。まちづくりを議論する場では、間違えた選択肢も比較検討する材料となり、さまざまなケースを出し合いながらブラッシュアップすることで、より有効な手法を選択することが大切だからだ。ワークショップ形式の会議で多くの考え方や違った意見を見聞きすることで、自らの知見が広がることを体感し、今では生き甲斐のようにさえ感じている。

　自らの夢や思い付きのようなアイデア、間違えた意見も含めて議論の遡上に挙げることで、参集したメンバー同士で意見交換し、まちづくりの気運を高めることができる。こうした開かれた会議から、参集したメンバーの意識改革が生じ、まちづくりが加速することも経験してきた。この成功体験の第一歩となったのが、東海道ほっこりまつりである。

（2）ほっこりまつりの誕生

　滋賀県栗東市に育った筆者は、子どものころから近所に「江戸の五街道」の1つ東海道が通っていることに何ともいえない歴史ロマンを感じていた。国道の慢性渋滞の影響で通過交通の抜け道になっていたが、それでも心の片隅では、「せっかくの東海道を活かして何かできないのだろうか。」という思いは常にもっていたのだ。

　そんななか自治会単位のまちづくり構想を話し合うため、地域住民といっしょになってワークショップ形式の会議を開くこととなった。やはり議論の中心となったのは東海道であった。「昔の東海道は、雨の日は軒下を伝って歩くことができた」「舗装もされていなかった」「子供のころにはみんなの遊び場だった」など、数多くの参加者たちの記憶が語られた。その一方で現実的な課題として「道路を横断するだけでも危険な思いをしている」などの苦労話も数多く出てきた。地域住民の関心は、安全・安心に暮らしたいという想いと、かつての歴史街道を偲ぶ東海道を再現したいという想いが共存していることが明らかになったのだ。こうした議論が進むなか地域住民が発した何気ない一言。

　「1日だけでもゆっくりと東海道を楽しんでみたいもんやな」

　この言葉に共感した自治体職員が「祇園祭では大きな道路さえ通行止め

できるんや。東海道を1日通行止めにしてみんなでお祭りをやろうやないか！」。こうして「東海道ほっこりまつり」が生まれたのだ。

　この連携関係の背景には、市民側の想いや意見だけでなく、行政側としても、都市計画マスタープランや都市景観基本計画の策定を通じて、歴史街道を活かした景観づくりを進めようとする行政課題が合致したことも要因の1つである。つまり、歴史街道を活かした景観まちづくりや通過交通を抑制するための社会実験という行政課題と、地域住民の熱い想いが重なったことで、協働・連携の関係が構築されたのである。

(3) 地域住民×自治体職員

　初めての企画に挑戦するとき、産みの苦しみとしての不安や困難も少なくなかった。通行止めを前提にしているものの、本当に道路管理者の許可はとれるのか、路線バスは迂回できるのか、道路交通法による規制はとれるのか、沿道住民の合意形成は取り付けられるのか、心配事は山ほどあった。それでも、地域住民と自治体職員がそれぞれの立ち位置から、「失敗してもかまへん。いっぺんやってみよう」と準備を開始し、それぞれの特技・特性に合わせた協働・連携関係が自然に生まれていったのだ。

　地域住民は、歴史街道の景観を楽しむための手作りイベントに向け、関所をイメージした通行止め箇所の大道具づくりや、まつりで実施する参加型イベントに向けた小道具づくり、そして地域住民への周知や協力の要請など、手探りながらも趣向を凝らして準備を進めていった。毎週末をまつりの準備にあてる様子には、担当者として頭の下がる想いであった。

　また、行政側は県道に指定された道路の通行止めに向け、道路管理者や警察、そしてバス事業者との協議を進め、交通誘導員の配置計画や通行止めによる近隣への影響の検討などを着実に進めた。さまざまな規制による法手続きも、地域住民との信頼関係があったことから、予想以上にスムーズに協議は進んでいった。特にバス事業者との協議は、バス停がある東海道を1日間通行止めするため路線バスを迂回させなければならず、協議が難航すると予想していたが、バス事業者はまつりの趣旨に大いに賛同し、

協力的に円滑に対応してくれたことで、関係者は大きな自信を得ることができたのだ。

　しかし、まつり開催に向け盛り上がりを見せるなか、想定外の叱責を受けることもあった。それは地域住民を対象にしたお祭りをイメージしていたにもかかわらず、警察からは企画内容から多くの来客が見込まれるということで、雑踏警備に向けた計画が不十分であることを強く指摘されたのだ。実行委員会会長とともに、まつり直前での指摘であり、雑踏警備の不備による人身事故が生じた場合の責任の取り方など、楽しいイベントの裏側にある現実的なリスク管理の大切さを目の当たりにしたのだ。改めて身の引き締まる想いであったが、こうした厳しい指摘も、結果として当日に向けた心の準備として大切な経験であり、次からの良き教訓となったといえる。そして何より、こうした想定外のトラブルを地域住民とともに乗り越えていったことで、ますます、関係者の連帯感も強くなったといえるのではないだろうか。

　こうしたさまざまな準備や手続きを手探りで進めながら、歴史街道である東海道の景観を楽しむための社会実験として第1回東海道「目川立場」ほっこりまつりが開催されたのである（図2-5）。

（4）みんなの合言葉

　第1回のまつりでは、手探りの状況で試行錯誤を重ねながらなんとか実践にたどり着き、約3,000人が東海道を訪れるという大成功を収めることができた。ふだん、通過交通の車輌に危険を感じ、安心して歩くことができない東海道を、じっくりと楽しむ多くの市民らが数多く参加した。多くの苦労を共にした地域住民と行政のあいだには、力強い信頼関係が構築されていた。また、印象的であったのが、通行止めして車両が通らないにもかかわらず、関係者は日常感覚から自然と道路の端っこを歩こうとしていたことだ。このほか、一度やってみたかったと道路の真ん中に大の字になって寝そべる市民の姿もあり、思い思いに東海道を楽しんでいる様子は、多くの苦労を乗り越えてきたまつり関係者たちにとって、うれしく楽しい

ひとときであった。

図2-5 第1回 東海道ほっこりまつりの様子

街道百年FCメンバー撮影

　また、日ごろ通行できる道路を通行止めしてのまつりであったため、通行止めに対する苦情が殺到するのではないかと心配されていたが、こうした苦情に追われることもなく、無事に終えることができたのも、多くの市民たちから賛同を得たためではないだろうか。

　初回のまつりの成功体験により、当然のように第2回、第3回のまつりが企画されるようになった。このまつりは、表2-1のとおり毎年のようにさまざまな進化をつづけ、地域の恒例行事として根づいていくことになったのである。

表2-1　成長するほっこりまつり

年度（回数）	特　長
平成19年度　第1回	東海道目川立場ほっこりまつり初挑戦
平成20年度　第2回	ほっこり庵オープン
平成21年度　第3回	第2部（あかりの演出）スタート
平成22年度　第4回	ダブルほっこり（石川県能美市連携）スタート
平成23年度　第5回	グッズ販売（オリジナル手ぬぐい）の挑戦
平成24年度　第6回	龍谷大学（笠井ゼミ）との連携スタート
平成25年度　第7回	かたつむ邸オープン
平成26年度　第8回	（台風18号被害による休止）
平成27年度　第9回	再出発
平成28年度　第10回	記念大会を開催
平成29年度　第11回	（台風21号のため中止）

筆者作成

第2章　協働型まちづくり　−東海道ほっこりまつり−

図2-6 東海道ほっこりまつりの様子
街道百年FCメンバー撮影

手探りで実施した第1回以降の成長の軌跡を辿ると、第2回では、ほっこり庵[3]のオープンにより地域文化の「目川田楽」を楽しむ拠点ができた。第3回では、第2部として夜の街道景観を楽しむ「東海道ほっこり灯路」と銘打ち、市の観光物産協会が実施する「あかりの演出」が同日開催されるようになった。そして、こうした盛り上がりは、地域を超えて、同じ「ほっこりまつり」として同時期に開催されていた石川県能美市のグループとの連携関係が生まれ、ダブルほっこりまつりとして広域的な協働・連携関係が構築されたのである。そして、第5回では、持続的なまつりの運営をめざした経費捻出に向け、グッズ販売としてオリジナル手ぬぐいが作製された。これはまつり開催の経常的経費である交通整理員の人件費の獲得をめざした試みである。そして、第6回からは、後述する龍谷大学との協働事業が開始され、大学生の参画により地域住民たちのモチベーションは、さらに高くなっていくのであった。その後も回を重ねるごとに、後継者やマンネリ化の課題等も抱えながらも継続して取り組まれている。特に、平成26年台風18号の年には、開催地での水害が発生したことにより休止せざるを得なかったものの、翌年には、しっかりと再出発するなど、地域住民たちから愛されるまちづくりイベントとして根づいてきたのである（図2-6）。

　このまつりは来訪者や市民からの評判もよく、平成28年度で記念すべき第10回のまつりが開催された。そして、東海道ほっこりまつり実行委員会の合言葉は、百年先を見据えた景観計画になぞらえて「100回開催する」であり、この目標からすると、まだ最初の10年を経たにすぎないと

いえる。また、まつりの開催にあたっては、交通整理員の配置をはじめとする必要経費をなんらかのかたちで捻出しなければならず、市が継続的に支援しているのも事実である。しかし、すでに毎年の恒例行事のように親しまれ、地域の子どもたちが楽しみにしている状況からも、100回の開催もまんざら夢ではないのではないだろうか。

3. 大学連携

(1) 域学連携シンポジウム

　筆者は、栗東のまちづくりに決定的に不足している要素として、大学との連携関係の弱さをなんとかしたいという想いを抱いていた。市としては、いくつかの大学との協定により部分的な連携事業もあることはあったが、筆者が進めようとしている地域づくりや景観まちづくりの現場では、行政主導で開催する会議に学識専門家として大学教授が関与する程度でしかなかった。当時は、他の自治体で大学生がまちづくりで活躍する新聞記事などを、羨ましい気持ちで眺めていたものだ。このため、あらゆる機会をうかがいながら、連携関係の構築をめざそうとしていたのだ。

　平成24 (2012) 年2月、総務省が主催する域学連携シンポジウムが京都市の同志社大学で開催されるという情報があり、もともと、大学と地域との連携関係を構築したいという想いをもっていたため、この機を逃さなかった。市の担当課に働きかけ、強力に連携づくりを進めるべきことを推したのだ。地方自治体の縦割り組織のなかでは、他部署の職務に首をつっこむことは毛嫌いされる。しかし、筆者は大学連携の必要性に確信をもっていたこともあり、この機会を逃すまいと熱く説得にあたったのだ。もちろんいうだけでは説得力が無い。このため、すべてを丸投げにして任せるのではなく、いっしょに同行するように説得にあたった。しかし、担当課は通常業務に追われているためか、結果的に参加者は筆者だけとなってしまったのだ。

　景観や都市計画を担当していた筆者が、担当外の会議に出席する機会を

得たことは貴重な好機である。たった1人ではあったが栗東市のまちづくりを宣伝するブースも申し込み、大学（教員）と自治体（職員）とのマッチング、つまり域学連携の実現に向けたPRに打って出ることにしたのだ。

　周囲には、何人ものスタッフが参加して域学連携ネットワークづくりに取り組んでいるなか、わがまちは筆者ただ1人。しかし、これが逆に大学教員等の目に留まり、孤軍奮闘する筆者に対し興味本位で声が掛かり、まちづくり談義で盛り上がっていたのだ。そのなかに、後の栗東市のまちづくりに大きな影響を与える人材との出会いがあったのだ。

(2) 大学連携の実現

　それは同年春より龍谷大学社会学部へ赴任する笠井賢紀氏との出会いである。これまでに取り組んできたまちづくりの現場の話しや、細々ながらも取り組んできた大学との連携事業などの情報を提供し、栗東市との連携事業を働きかけたのだ。その結果、当時おもに市内における先導的な地域として3カ所のまちづくりに携わっていたのであるが、そのなかでもっとも大学との連携関係が少ない東海道ほっこりまつりを実施している岡・目川地域を中心に連携したいという意向を取りつけることに成功したのだ。まだ赴任前の話しでもあり、地域住民への説明も無いなかではあったが、これから始まる本格的な大学連携の予感に、胸が熱くなったことはいうまでもない。

　域学連携という言葉のとおり、行政との協働・連携というよりも、地域まちづくりの現場を紹介しなければならない。そのうえで、もっとも重要となるのが地域住民の理解と協力である。まずは地域住民に経過を説明し、これからのまちづくりの仲間として龍谷大学社会学部講師との連携を進めてみてはどうかと、今回の話の経緯を説明したのだ。これまでにもさまざまな場面でまちづくり活動に携わってきた経過もあったため、地域住民たちは快諾するにいたったのである。

　平成24（2012）年の春が訪れ、早速、龍谷大学社会学部に赴任した講師（当時）を、地域住民たちに紹介した。その後は、筆者が何をするまでも

なく、自ら精力的に地域住民たちとのかかわりをもち始め、信頼関係を築いていくことになる。また、講師が引き連れる学生たちも、まち歩き企画から地域活動にデビューすることになった。

当初、まちづくりの現場を紹介するにあたり、地域住民と円滑なコミュニケーションがとれるのだろうかなど一抹の不安もあったが、講師の事前指導があったのか学生たちは持ち前の前向きさや明るさで地域住民たちと積極的に交流が進むことになる。このまち歩きでは、地域住民たちも案内役を買って出るなど、歓迎ムードに包まれていたこともあり、自然なかたちで連携関係づくりは始まったのである。やはり、地域住民たちのホスピタリティは、連携関係を構築するうえで重要といえるだろう。

このまち歩き以降、学生たちは積極的に地域に関与するようになる。東海道ほっこりまつりだけではなく、夏祭りや他の地域行事も含め積極的な参画があったのだ。また、まつりの準備作業も、地域住民だけの作業になっていたのだが、ここに学生たちの交流や協力が加わることで、マンネリ化や後継者づくりに悩んでいた地域住民たちにも自然と笑顔の機会が増えたのではないだろうか。やはり、学生が地域まちづくりに加わることの意義は大きいといえる。こうして第6回東海道ほっこりまつりは、大学連携という新たな連携主体が誕生した記念すべきまつりとなったのだ。

これまでのまつりは、地域住民と行政との協働による取り組みであったが、大学連携の実現により協働や連携の厚みが増すこととなった。また、何よりも地域住民や自治体職員のモチベーションも高まり、学生たちの関与による心理的な活性化を果たすことができたといえる。関係者が、それぞれの東海道ほっこりまつりを語り、学生たちを迎え入れることで、まちへの愛着がさらに増していったのではないだろうか。

第6回東海道ほっこりまつりでの学生のかかわりは、準備協力だけでなく学生によるイベントも多数企画され、主催者の一員として大活躍を果たすことになった。これらは、まちづくりワークショップで夢やアイデアとして話し合ってきたことも含まれており、さらには学生たちの新たなアイデアも加わり、学生たちの活動として実現することになったのである。こ

れは学生を指導した教員の功績も大きいが、学生たちの積極的な姿勢を、地域住民たちが快く受け入れた賜物だろう。
　その後も、大学からの助成事業の企画提案や、昔の東海道の景観の聴き取り、さらには地域行事である左義長への参画など、筆者の想像を超え、大学教員と学生たちの活動は、大きくさまざまな分野に広がりを見せている。
　こうした積み重ねの成果により、平成29（2017）年7月11日、龍谷大学と栗東市は包括連携協定を締結するにいたった。もちろん、この協定は目的ではなくここからがスタートであるが、大学連携に奔走してきた筆者としては、ようやくたどり着けた感慨深い節目となったのだ。これからの連携関係がさらに進展し、大学と地域との相乗効果で、相互に高め合うことができれば何よりである。

4. 東海道ほっこりまつりの課題と展望

(1) 失敗からの学び

　まちづくりを語るときに、よく聞かれるのが失敗の経験である。確かに失敗から学ぶことは多いといえるが、なかなか文献や新聞記事などでも、まちづくり活動の成功事例は掲載されているが、失敗談は集めにくいのが実態である。ここでは、少しほっこりまつりで経験した失敗を振り返ってみたい。
　もっとも大きな失敗といえるのは、ほっこりまつりを拙速に学区単位に広げようとしたことだ。初回の試みがあまりにも好評であったため、関係者も拡大志向に偏っていたのかもしれない。岡・目川地域だけでなく学区単位に拡大しようという動きがあり、筆者もこれに大きく期待をもっていた。もともと学区単位で開催していたイベントとマッチングさせて、東海道ほっこりまつりと連携して進めようというものだった。
　当時の代表者たちは一定の理解を示していたが、自治会などの代表者も、定期的に役員改選されることになる。そして、この企画は役員改選により

人のつながりが途切れたことで、しっかりと議論され尽くされないままイベントの実施まで進むことになった。

　その結果、イベント自体の趣旨が共有されないまま、イベントの盛り上がりに偏りが生じるなど、課題ばかりが目立つことになってしまったのだ。そして、学区単位の試みは単年度だけで終結することになってしまった。まさに、ことを推し進めようという想いが先行してしまったことが影響した結果であろう。やはり、関係者に共感をしっかりと広めなければならないことの一例といえる。しかし、失敗は恐れていては何もできないことも事実ではないだろうか。挑戦する気概をもちつづけ、失敗から新しい何かを得ることで成長できるのである。

(2) 暮らしと景観

　景観まちづくりの課題といえるのが、暮らしの景観にいかに価値観を共有することができるかではないだろうか。筆者はこれを住まう景観まちづくりと定義しているのであるが、詳細は第3章で考察していきたい。

　東海道ほっこりまつりは、交通社会実験としての側面をもつ一方で、景観まちづくりの社会実験としてのまちづくりイベントとして、地域住民と協働して開催してきたものである。近年、増加している街道ウォーカーたちは、かつての東海道や中山道などの歴史街道を踏破するという目的意識をもって歩いている。この街道ウォーカーたちからの評判では、この辺りの街道景観は生活感のある自然なかたちで、かつての歴史街道の雰囲気を感じることができるという。まさに暮らしのなかの景観に心地良さを感じ取っているというのだ。しかし、ここに暮らす人々にはそれが共有されていないのである。いや共有しているとしても、土地や建物が更新されるたびに、これらの風景は少しずつ失われつつあるのが実態なのである。これは土地や建物の経済的価値観が優先することが大きく影響していると考えられ、やむを得ない側面ではあるが、この経済的価値観をどうやって乗り越えるのかが大きな課題といえる。歴史的な雰囲気を観光資源として活かす地域であれば、これらを保全しようとする経済的合理性も働くのであろ

うが、暮らしの景観には経済的合理性が成立していないのが実態である。いかにして歴史街道としての特長を守っていけるかは難しい課題ではあるが、地域住民の合意形成により、東海道としての誇りと愛着による郷土愛によるところしかないといえるだろう。こうした問題意識をもちつづけるためにも、東海道ほっこりまつりの存在価値は大きいのではないだろうか。

(3) 100回をめざして

　すでに10回目の節目を超えた東海道ほっこりまつりであるが、まつりの創成期を担ってきた中心メンバーたちは継続的にかかわり続けているが、その一方で新たにかかわり始めているメンバーたちも存在する。いかに後継者を育て、まつり創成期の想いを継承していくことができるのかも課題といえるだろう。まつり開催の趣意を共有しながら、無理なく後継者たちに託していくことも必要であり、新しい担い手たちの想いも吸収していくことも重要であろう。後継者たちのモチベーションを高めながら、まつりに向けた主体性を育んでいくことが求められるのだ。

　また、東海道ほっこりまつりは、地域住民のためのイベントであり、地域活性化や観光振興などの経済性を意識したイベントではない。それゆえ、まつりを通じた利益の追求が意識されていない。その一方で、県道を通行止めすることが前提であるまつりでもあり、まつり開催にあたっては交通整理員配置などの固定費が必要となる。このため、行政支援として一定の補助金等のうえで成立しているのが実態である。これも周辺の道路環境が整備されれば、交通整理にかかる経費の節減も可能となるであろうが、いずれにせよ数多くの来訪者が訪れ、にぎわいを見せるまつりでもあるため、一定の資金調達方法として、企業からの協賛金集めや、まつりにおける収益事業の実施、あるいは模擬店などを商工事業者に委ねるなどの持続可能なまつり運営方法を工夫し、継続的に無理なく開催できる仕組みをつくっていくことも必要となってくる。

　100回の開催というものは壮大な夢である。毎年1回の開催であることからも、100回となると、まさに百年先の夢なのだ。初回のまつりのころ

に生まれた赤子であっても、百年後には100歳を迎えている。おそらく今の東海道ほっこりまつりの中心メンバーたちは、100年後のまつりのころにはこの世にいないだろう。誰も百年先の継続を見守ることはできないのだ。だからこそ、後継者たちに引き継ぎながら、子どもや孫たちの世代が、想いを引き継いでくれることに期待したいのである。

　東海道ほっこりまつりの開催を前に、筆者の娘からいわれたことがあった。「今年のほっこりまつりはいつなん？　みんなで楽しみにしてるねん」。筆者も、同じ学区に暮らしているため耳にした言葉なのだが、これほどまでに子どもたちから期待され、愛される存在になっていたことに誇りを感じたものである。このまつりがそこに暮らす人々にとって誇らしく思える、愛らしく思えるまつりであることの証左であろう。ほっこりまつりが末永く継続し、百年先には地域文化として根づいていることに、ロマンと期待を寄せるばかりである。

注

1　風格づくり会談とは、栗東市景観条例で定められた独自施策であり、すべての建築行為にあたり申出が必要になる。すべての建築行為（色の塗り替えも含めて）の前に、建築行為等が与える景観への影響を説明し、心安らぐ風景を守り育てるため地域にふさわしい景観特性に配慮することを呼び掛けている。つまり、市民が景観に関心をもつことで、自らの暮らし良さが高まることを気づくための会談といえる。
2　堂々りっとう景観記念日とは、栗東市景観条例に定められた独自施策で、景観づくりを市民とともに取り組んでいくことを記念して定められた記念日であり、市民参加型の景観イベント等を開催している。初回のみ「目川立場」という地域名がつけられていたが、2回目以降、東海道ほっこりまつりと簡略化。
3　地域文化として継承されたレシピをもとに、復元した「めがわ田楽セット」を提供するために開設された休憩所。

第3章
里山での景観まちづくり
―観音寺集落編―

　本章では、栗東市の景観計画の表紙画で描かれたことをきっかけに、景観まちづくりの先行モデル地域として、さまざまな活動を展開してきた観音寺景観まちづくりの事例を紹介したい。
　観音寺集落は、市内では唯一琵琶湖の眺望を楽しむことができる中山間地域に位置する小さな里山集落である。この里山をはじめとする自然豊かな環境や、宿坊としての地域文化に裏づけられた落ち着いた集落景観を活かし、景観まちづくりの先行事例づくりに取り組んできたのだ。
　しかし、地域住民たちの関心は景観には無かった。景観というよりも、これからの高齢化問題や農林業の後継者問題などを背景とした「定住促進」に関心をもっていたのである。このため、観音寺集落の美しい景観を活かして、定住促進をめざすための景観まちづくりに取り組むことになったのだ。
　また、観音寺景観まちづくりでは、その活動の集大成ともいえる「観音寺集落まるごと里山学校」を開催した。自然豊かな地域資源を活用した取り組みなどを通じて、多くの人を巻き込んだ内発的なまちづくりを展開し、地域住民だけでは成し遂げることができない企画を、次々と実現させた先行事例といえるだろう。これらが実現できたのは、さまざまな人材が観音寺景観まちづくりにかかわり始めたためであり、その経過をたどっていきたい。
　しかしその一方で、観音寺景観まちづくりは、観音寺里山学校という一大イベントを経た後に、活動が停滞するという事態に陥ることになるが、これらの経過をたどり、課題や展望を考察したい。

1. 観音寺景観まちづくりのはじまり

(1) 百年計画の表紙画

　景観計画の策定にあたり、東海道ほっこりまつりを開催したことは、地域住民との連携したまちづくりイベントを実現しただけではなく、計画の策定作業中における社会実験としての効果は大きかった。筆者は担当者として、このような計画づくりに参画できたことは貴重な経験であり、たとえ人事異動があったとしても、関与しつづけたいと想いを熱くしていたものである。

　想いを込めた計画書であったこともあり、いわゆる行政計画としてシンプルな計画書にはせず、「景観」という主観的なものを扱う計画だからこそ、表紙画にも携わった関係者の想いがにじみ出るようにしたかったのだ。ならば、委員に加わっていた画家の福山聖子氏にお願いするしかない。予算も何もなかったが無理を承知で想いを伝えた結果、快諾いただけた。これは決して真似すべき方法ではないだろうし、福山氏の懐の広さにただ甘えてしまったことなのだが、ここでも想いは通じるという幸運に恵まれたことに感謝している。

図3-1　百年計画（表紙画）

　また、新たに書き下ろすという思いもよらぬ協力をいただけたのだが、このとき描かれたのが、観音寺集落から琵琶湖を望む風景画であった。「百年先のあなたに手渡す栗東市景観計画」(図3-1)は、画竜点睛という言葉のとおり、想いを結実させたかたちで策定にいたったのだ。そして、この表紙画が次なるまちづくりへと誘うことになるのである。

　なぜ表紙画に観音寺集落が選ばれた

のか。作者の福山氏は「りっとうの景観に相応しい風景画を」との依頼に、琵琶湖を望む眺望の地であり里山や田園、市街地などすべての景観特性を包み込む場所として観音寺を選んだとのことであった。

図3-2 観音寺集落の風景

街道百年 FC メンバー撮影

　この表紙画が、当時、市役所内の団体職員に従事していた観音寺集落の住民である三浦栄一氏の目に止まったのだ。そして筆者に「この風景画は観音寺やろ。わしの住んでる集落やけど誰が描いてくれたんや？」と声を掛けてきたのだ。これをきっかけに風景画に込めた想いや観音寺集落の話を語り合うなかで、ふたたび無理なお願いが頭に浮かんできたのだ。

　「この地で、条例に定めた景観審議会を設立できたらどれだけ素敵だろう」

　景観条例では、景観形成に関する調査や審議のために、景観審議会を設置することを定めていた。委員会のさいにも、議論の場には景観を意識した場所にこだわってきたこともあり、審議会設立という記念すべき会議であればなおさらこだわりたいと考えたのだ。

　平成21（2009）年3月、栗東市景観条例にもとづく栗東市景観百年審議会（以下「景観審議会」という）の第1回審議会が観音寺集落で開催することになった（図3-2）。この開催日には市観光物産協会が展開する路地行灯で観光資源を照らす「あかりの演出」を催し、集落を照らし幻想的な風景が演出された。集落の細い路地は、日常とは一味違う景勝地のような輝きに包まれ、地域住民からも「この夜景と星空が自慢」と好評を得ることにつながったのだ。じつは、この地域住民は、風景画に描かれた後ろ姿の人物であったことも、関係者の気持ちを盛り上げていったのだ。

（2）「新たな公」のモデル事業

　平成21（2009）年4月、市は景観条例、百年計画の全面施行により本格的に景観施策に着手した。この施行と同時に着手されたのが観音寺集落を舞台とする「新たな公」[1]によるコミュニティ創生支援モデル事業[2]（以下「新たな公」事業という）を通じた景観まちづくり活動である。

　この事業では過疎化しつつある集落を対象に、地域特性を活かし行政に代わる新たな組織が主体となり地域課題の解決にあたることが基本となるものであった。このため、観音寺住民グループと、景観まちづくりに関心のある人材で構成する街道百年FCが「新たな公」として事業主体となり、水仙街道プロジェクト（以下PJという）、間伐材活用PJ、あかりの演出PJ、古民家活用PJを実施するというものであった。

　この事業実施にあたり、観音寺集落では負担の分散や個々人の主体性に配慮し「まちづくりに関心をもつ者みんながリーダー」との姿勢に立ち、観音寺天水木族（以下「天水木族」という）を組織した。また、事業実施に向け天水木族と街道百年FCの核となるTEAM街道知部により、まちづくりを議論する場としてリーダー会議が位置づけられた。リーダー会議では、柔らかい会議スタイルを意識し、TEAM街道知部がまちづくりの提案や事例紹介の役割を、天水木族が地域住民との連絡調整、場所や技術の提供などを先導する役割を担うというかたちが生まれたのだ。

　「新たな公」事業によるPJは、集落に来訪者を迎えることをめざしており、観音寺集落にとっては経験の無いものであった。全国各地の先行事例を参考に、都市住民が何を求め、何を準備すべきなのか、そして本当に都市住民は訪れるのか。さまざまな不安を感じつつも「失敗してもかまへんし一回やってみよう」という挑戦する姿勢で進めていったのだ。

　表3-1にPJの概要を整理した。PJはすべてが当初の目標どおりとはいえないものの、いずれも一定の成果を得られたといえる。この達成感は天水木族やTEAM街道知部に自信を与えた。都市住民や周辺住民を惹き寄せ、今までとは違う風景や感情を芽生えさせたことは大きな一歩であった。また、それぞれのPJを通じて、多様なNPO団体やキーマンたちとのネッ

トワーク構築に発展し、その後の景観まちづくり活動を牽引する人材のネットワーク化が進展したといえる。

表3-1 新たな公事業プロジェクト一覧

水仙街道PJ	
20年程前に地元のまちおこしとして集落までのアクセス道路沿いに植えた水仙は、春先には美しい花を咲かせ桜とともに春の到来を教えてくれる。長年、放置されてきたが、株分けすることでさらに美しい花を咲かせてくれるため参加型のイベントとして分球や棚田の畦にも拡げるイベントをおこなったもの。	
間伐材活用PJ	
日本の林業は外国産材に押され経済的循環が成立しない状況に陥っている。地元住民やTEAM街道知部のメンバーにとっても間伐材の利活用、そして里山への経済循環を起すことは、共通の問題意識であった。このため、実際に間伐材を使って、何らかの地域経済が循環する仕組みづくりに挑戦したもの。	
あかりの演出PJ	
市観光物産協会の露地行灯による「あかりの演出」が実践されていたが、さらに集落全体に広げたもの。眺望景観を活かして、LEDによる光のイルミネーションで彩る集落を舞台に、自然環境を活かしたコンサートのコラボ企画「ヒカリトオトノセカイ」も合わせて実施したもの。	
古民家活用PJ	
集落内には築200年の木造建築物が残存するほか、この地域特有の花崗岩の石垣が各家屋の土台となっており、落ち着いた佇まいが連なる風景が観音寺の自慢である。このなかには、いくつかの空き家等が存在し、これらを有効活用することで建築物の風化を抑え、まちづくり活動の拠点づくりをめざす試み。	

筆者作成

(3) 小さな成功から大きな広がり

「新たな公」事業での各種PJは、すべてが目標に沿った成果を得たわけではなかったが、まちづくりは短期的な取り組みだけで簡単に成果が出

るものでもない。結果よりもむしろそれ以上に、多くのネットワークが広がり、今後の景観まちづくりを進めていくための基盤がつくられたことは、大きな成果であったといえる。この事業の事例報告会でも、筆者にとって大きな出会いに巡り合うのだ。

　平成22（2010）年1月大阪市で開かれた事例報告会では、近畿圏での同様のモデル事業を実施した団体や自治体関係者が集い、それぞれの成果発表を地域住民や学識者が話し合う場であった。参加者はスーツにネクタイなどの正装に身を包み、少し緊張感をもった雰囲気で開催されていたのだが、この会議の進行役は、坊主頭にTシャツ姿でにこやかに柔らかい雰囲気を醸し出していた。最初の印象は、若そうなのに場違いな服装の方だなというのが率直なところであった。しかし、彼が話し始めると、会場は一気に彼に釘づけにされてしまったのだ。それがコミュニティデザインを提唱するstudio-Lの山崎亮氏との出会いであった。

　事例発表を通じて話に引き込まれていたのだが、それだけではなくその事例のなかには、筆者の母親の故郷である長崎県五島列島にある小さな集落のプロジェクトが含まれているではないか。筆者としては、そのことを伝えたくてどうしようもない感情が生まれていたのだ。事例報告会は、進行役のファシリテートや事例の素晴らしさにより、大いに盛り上がり、貴重な時間となったが、その後の懇親会の場で、そのことを思い切ってぶつけてみることにした。すると、山崎氏からも、たった10名程度の小さな集落出身者の末裔に出会えただけでなく、同じまちづくりに向き合っていることに驚きと興奮で記念撮影することになった。その集落に行ったときに「出会ったよ」と証拠写真にするというのだ。これをきっかけに多忙を極める山崎氏とのつながりが生まれたのである。

　山崎氏が提唱するコミュニティデザインは、筆者にとって衝撃的な出会いであったと同時に、言語化されてはいないが筆者の思い描いていた疑問や問題意識に、ピタリとはまったこともあり、強烈な印象と影響を受けることになった。そして、彼との連携したプロジェクトの実施という新しい目標をもち、日々の妄想が膨らみ始めたのだ。

2. 集落ビジョンづくり

(1) 国からの働きかけ

　景観法はその特長の1つとして省庁の縦割りを越えた法律であり、国土交通省が多くを担うものの、農林水産省の分野として景観農業振興地域整備計画（以下「景観農振」という）がある。栗東市の百年計画では、市域の半分以上を占める山林や農地にも注目し、地域住民の合意形成に応じて景観農振の指定をめざすことを位置づけていた。このように市の計画にも位置づけがあり、また、「新たな公」事業を通じて観音寺集落の取り組みが全国的に情報発信されていたことが功を奏し、農林水産省近畿農政局から連絡が入ることになったのだ。農林水産省近畿農政局も、景観法にもとづくモデル事例づくりに関心をもっており、全国で3番目となる景観農振の事例づくりに向け、積極的にアプローチしてきたのだ。その支援策として「田園歴史的風致土地利用促進事業[3]（以下、「田園歴史事業」という）」の実施が提案されたのだ。この事業では専門家の派遣等を通じて、農村集落の持続的な維持継続に向けたビジョンづくりの支援を受けることができるというものであった。

(2) 集落ビジョンづくりワークショップ

　これまでの職務経験上、国のほうから声が掛かることは無かったし、あまりこんなチャンスは無いだろう。「新たな公」事業を通じて景観まちづくりへの気運は高まっていたが、その一方で度重なるボランティア活動による疲労感や先の見えない不安感も押し寄せていた。リーダー会議でも、同じようなワークショップに対して疑問視する声もあったが、このチャンスは活かすべきということを共有し、集落ビジョンづくりワークショップを進めることになったのだ。

　このワークショップでは、学識専門家が観音寺を訪れ、ワークショップの前に今後の集落の人口構成などの分析、さまざまな課題に向けた問題提起がなされた。そして、5年後、10年後の集落の人口構成、農林業の担い

手の問題、高齢化したさいの交通問題など、将来的に確実に訪れる課題が共有されたのだ。そして、現状から何に取り組むべきなのか、多くの観音寺の地域住民たちが話し合うことにつながった。特に、世帯主だけが出席しがちな地域の会合であるが、あえて夫婦で、あるいは家族で出席するよう働きかけ、男性だけの声が優先されそうなところを、女性たちの声を聴くことを尊重できたのも貴重な機会となったといえる。グループワーク形式にすることで、女性にとっても話しやすい環境を創り、グループごとに多種多様な意見交換、意見聴取をすることができたのだ。

　そして、導かれた地域課題として、「人」・「交通」・「農林業」という地域課題が挙げられ、観音寺集落にとっての第一義の地域課題として「定住促進」を共有することにつながった。まちづくりを何のために努力しているのか。こうした漠然とした不安を感じていた地域住民にとっては、目的が明確化したことは大きな成果であったといえる。その後のまちづくりの主目的は、観音寺がもつ景観という魅力を活かした「定住促進」に取り組むことになったのだ。

(3) 美の里づくりコンクールの受賞

　農林水産省とのつながりはそれだけではなかった。「新たな公」事業で活動してきたことを情報発信するためにも顕彰制度に応募してはどうかというものであった。観音寺集落は、当時、14世帯で人口100人足らずの小さな集落であり、まちづくりに取り組む天水木族のメンバーも限られている。度重なるボランティア活動に協力してくれた天水木族のメンバーの苦労が報われるかもしれないため、担当部署の垣根を越え、美の里づくりコンクールに応募することにしたのだ。

　その結果、平成22（2010）年、農業企画委員会主催の「第6回美の里づくりコンクール」で審査会特別賞を受賞したのだ。この受賞を通じて、自分たちが手探りで実践してきたことが、社会的に評価されたことは大きな自信になったであろう。また、他の受賞地区を知ることで、その後の視察先として交流・連携の機会を得たことも大きな効果であったといえる。ま

た、この受賞実績や活動の担い手としての信頼性から、同省の「食と地域の交流促進交付金事業[4]（以下「食と地域事業」という）へと活動が進展していくことになったのだ。小さな成功の積み重ねが、新たな道を切り拓いてくれるということを目の当たりにすることができたのだ。

3. 観音寺集落まるごと里山学校

(1) 目標は大きく

　栗東市では、景観条例における独自施策として「堂々！！りっとう景観記念日」を位置づけていた。これは、毎年10月10日を景観記念日と定め、地域との協働による多様な試みを通じて景観まちづくりの必要性を啓発し、地域まちづくりのきっかけづくりとして取り組んできたのだ。これを観音寺集落で開催することをめざし、シンポジウム助成事業[5]を提案し採択を受けることになった。企画内容は、地域との協働を基本姿勢に観音寺集落すべてを舞台とし、ありのままの観音寺を感じてもらおうとしたものである。具体的には、「里山学校」という名前のとおり、集落をまるごと学校に見立てた時間割り形式を採用し、シンポジウムやパネルディスカッションも野外で、また着地型・体験型の授業を多数盛り込んだ企画である。集落のさまざまな地域資源を最大限活用するため、集落を挙げた取り組みとして企画したのだ。

　観音寺集落における景観まちづくりを通じて、筆者はある妄想を描いていた。それは、他地域でのまちづくりの先進事例でもあるとおり、それまで光の当たらなかった地域資源を掘り起こし、まちづくりの核として磨き、育てることで、地域を代表する名所になることがある。滋賀県長浜市の黒壁や近江八幡市の八幡堀などのように、「観音寺集落は栗東市における黒壁や八幡堀のような存在になりうるのではないだろうか」という仮説をもっていたのだ。この観音寺集落に、景観や歴史・文化の有識者が訪ずれたら、どのような想いを描くのだろうかと、知的好奇心を拡げていたのだ。

　当時、滋賀県が開催した景観まちづくりシンポジウムで講師を務めてい

たのが東京大学の西村幸夫教授であった。景観まちづくりに携わる担当者として、いつかはこの先生を呼び、観音寺集落の景観を評価してもらいたいという想いをもっていたのだ。

　このシンポジウムの交流会という好機を活かし、百年計画策定の想いやまちづくり活動の実績を売り込むことにしたのだ。半ば強引にではあるが、先生のお人柄もあり景観まちづくりに取り組む意気込みとともに名刺交換することができた。「厚かましいね」という先生の笑顔は、本音だったのか冗談だったのかは定かではないが、妄想の実現に向け、第一歩を踏み出すことができたのだ。この名刺交換を頼りに、観音寺里山学校での基調講演を依頼し、実現へと導くことができたのも幸運のつながりといえるだろう。

（2）里山学校に向けた体制づくり

　シンポジウム助成事業の採択を受けた直後から、リーダー会議での議論が始まり、いつも通りではあるが、できるだけのことに挑戦するという基本姿勢を確認しあった。集落をまるごと里山学校とするためには地域住民全員の協力が不可欠となるため、地域住民全体の説明会を開催することになった。その結果、反応は半信半疑ながらも、定住促進をめざすという目的意識をもって、できる限り協力しようという総意を得ることができた。

　一方、企画規模から想定すると、準備期間が約半年程度というのは絶対的に時間が不足していた。特に地域住民との話し合いで企画を進めようとすると、圧倒的に時間が足りない。地域住民の想いやアイデア、自分たちにできることなどを聞き取り、地域住民自らの主体性を高め、企画を計画・実行に昇華させなければならない。徹底的にスケジュールを組んでみてもやはり時間が不足していたのだ。

　このため、TEAM街道知部は夏合宿を催し、地域住民とともに草刈体験や地元の放置竹林の竹を切り出しての流し素麺、公民館に詰めてのヒアリングなど、集中的に話し合いや体験のプレ作業の機会を創ることにしたのだ。参加者はすべてTEAM街道知部のメンバーであり、公民館を借りて

表3-2　観音寺里山学校のこだわり

モノづくり ―見晴らしPJ―

受講者に美しい観音寺の眺望風景や集落景観を体感してもらうため、メイン会場のステージを併用する見晴らし台を作製。美しい風景を楽しむ来訪者へのお持て成しとしての「場」づくりであり、TEAM街道知部の建築士メンバーが先導し、使用する木材は地元の里山にある間伐材を活用し、製材、組立て、塗装など、すべての工程はボランティアでの共同作業として実施。

ポスター

ポスター製作のコンセプトは「観音寺の風景が美しく保全されているのは地元住民の地道な営農や地域文化の伝承を、家族的なコミュニティにより支え合ってきたため」とし、それを陰で支えた功労者として「地元に暮らす女性たち」を主役として取り上げた。
「一度、観音寺に来てみてください」というダイレクトなキャッチフレーズやポスターデザインの中心は地元に暮らす「女性たちの笑顔」と自慢の風景（比叡山に沈む夕陽）を採用した。

紙芝居「観音寺ものがたり」

里山学校の受講生たちに、観音寺集落のありのままの姿を紹介するため紙芝居を作成。製作の役割分担は、作画を地元の栗東高校美術科の生徒が、物語は地元女性へのヒアリングをもとに製作するという協働企画。
観音寺で好きな所、もっとも大切にしている自慢、逆に一番辛かったこと、悔しい思い出など。導かれたエピソードを脚本化。里山学校当日、女性たち自らが読み手を務めた。

観音寺里山弁当

地元経済の循環を意識し材料代の支払いを参加者に求め、地域資源の有効活用による集落の活性化をめざした企画。材料代という有償の対価が、かえって女性たちに不安を与えたが、これを乗り越えるだけの精力的な献立を作成。里山学校当日、講演者やパネリストたちからも絶賛されることとなった。

筆者作成

2泊3日の試みであった。いつも苦労ばかり掛けていることもあり「食事などの手配は自分たちでやりますよ」と丁重にお気遣いをお断りしていたのだが、多くの差し入れが届いたり、夜遅くまで飲み明かしたり、多くのメンバーがまちづくりを語り合う時間をとることができたのだ。里山学校の準備というだけでなく、まちづくりを共に進める同志としての絆づくりに効果があったのではないだろうか。

 また、里山学校での体験授業などのワークショップは、こうした地域住民の手作りによる企画であるため、里山学校に向けては、さまざまな場面でこだわりをもって準備を進めたのだ。これらをまとめたものが表3-2のとおりである。

 こだわりをもって企画し、自ら主体的に準備を進めたこともあり、事業を先導するTEAM街道知部のメンバーも、ふだんの仕事に加えての準備作業であることからも相当な無理をしていたのも事実であるが、迎え入れる側の地域住民たちにとっても、相当な苦労をお掛けしたことになる。しかしそれと同時に、当日に向けたモチベーションの高まりもあり、何ともいえない連帯感が生まれていた。

(3) 開校と体験授業

 里山学校は、集落全体を学校として開催するため、時間割形式の体験学習を中心とし、時間の区切れにはチャイムを流すなど演出にもこだわった。そして、着地型で体験型のさまざまな企画を通じて、観音寺集落の美しい風景や気持ちのいい自然を体感し、真の「暮らし良さとは何か」を見つめ直す機会にするように意識的に取り入れたものであった。美しい観音寺の農村集落で、地域文化やアートで五感を刺激し、身近な景観づくりの大切さを再認識し、良好な景観形成と地域文化の持続的な継続を考え、参加者と講師たちの感性を刺激し、心の奥底に訴えかけることをめざしたのだ。

 里山学校の生徒（参加者）は、事前予約制で300人を定員としていた。定住促進につなげるためにも、移住希望者やスローライフに興味のある方々に情報が届くよう、マスコミだけではなく移住支援のNPOなどにも

協力を依頼して情報発信していった。その結果、全国各地とまではいえないが東京や九州方面からも来訪されるなど、定住促進という想いに沿った集客に成功したのだ。

いよいよ開校時間前には、ふだん、路線バスも通らない集落までのアクセス道路を通り、300人の生徒たちを乗せたバスが集落にたどり着いたのだ。その光景を見つめながら、いよいよ始まる里山学校に胸が高鳴っていたのはいうまでもない。

開校式を終え、それまで丁寧に準備を進めてきた体験授業は、風景画教室、吟行、竹細工、間伐材活用、農作業、郷土料理づくり、農業体験、わら草履づくり。観音寺の豊かな暮らしを実感するため8つのコースを用意していたのだ。また、給食には里山弁当、道徳の時間には紙芝居、基調講演やパネルディスカッション、そして最後は課外活動として天水里山コンサート。いずれも観音寺の暮らしや地域文化、農林業などを意識した企画である。ふだんは自然の音しか聞こえない集落は、あちこちで人々が賑わう陽気に包まれたのだ。

(4) 豊かな暮らしを育む景観まちづくり

基調講演には東京大学の西村教授が登壇し「豊かな暮らしを育む景観まちづくり」と題して講演していただいた。「天水の里」観音寺を初めて訪れた感想の「七不思議」に始まり、観音寺集落の位置や建物の材質など、専門家として歴史的な系譜を読み解き、受講生や関係者は専門家の視点に関心を寄せていた。そして、景観まちづくりの視点で見た価値が語られたが、なかでも印象的な点として、西村教授はこう語っている。

——— 観音寺集落は中世から積み重ねてきたものが今も実感でき、新しいものが古いものを否定するのではなく付け加えている文化が根付いていること、そして今なお歴史の通過点として、新しい風景を作り出す過程である。この感覚こそが景観まちづくりの前提である。(景観まちづくり(観音寺里山学校報告書)、2012：20)

また里山学校にあたっては、小さな集落が心を１つに準備を進めたことから、つながりをもちやすいまちであることを捉え、都会と農村の交流を通じ、両方の良さをそれぞれが満喫できることが21世紀のライフスタイルであることと展望し、観音寺集落の持続的継続の可能性、あるいは今後の景観まちづくりの方向性が示された。

　次に、パネルディスカッションでは、studio-Lの山崎亮氏を始め、和歌山県かつらぎ町で移住交流に先行的な活動を進める天野の里づくりの会代表の谷口千明氏、地元観音寺の天水木族会長の三浦栄一氏が登壇した。それぞれの視点からの観音寺景観まちづくりを評価し、さらには今後の景観まちづくりへのアドバイス等が紹介されたのだ。

　山崎氏は、今後の少子化・高齢化の人口減少社会を前提に、限界集落化が進む地域で顕在化している事象こそが将来的には日本各地で生じる課題であり、こういう地域こそがまさにまちづくりの先進地であるとした。特に、人口減少が進む地域においては、地域の魅力を活かして「外の人の力をどう借りるか」、ヨソモノと地域住民の視点の違いを指摘したうえで「定住促進」を進めるさいのヨソモノの視点の重要性が提案された。

　また谷口氏は天野の里づくりの会での活動報告として、ヨソモノの声を聴くことを意識してスタートしたサポート会員制度や、企業との協働による農業体験事業などが紹介された。また、定住促進の先進事例として、「田舎暮らし７カ条」を紹介し、「田舎にきても気楽に生活できると思うな。草刈機は必需品」など、移住交流により人が移り住むことの現実的課題や意義を紹介したのは印象的であった。

　最後に観音寺天水木族の三浦氏は、これまでの観音寺景観まちづくりの取り組み報告や、里山学校に向けた苦労話などを語り、会場からも活発な質問や意見が出るなど、青空のもと景観を体感しながらのシンポジウムは一体感のある充実したものとなったのである。

（5）里山学校からの提言

　観音寺里山学校のシンポジウムにおける議論を整理すると「新しいもの

が古いものを否定するのではなくつけ加えていく」という景観意識であり、これが文化として根づくことの必要性が挙げられる。また、限界集落化が進む中山間地域においては、文字通り「人口減少」という事態が生じており外部人材（ヨソモノ）の力をどう借りるのか、またこれを受け入れる「地域住民のホスピタリティ」が大切になると考えられる。こうした議論の総括として里山学校では次の提言（表3-3）が発信された。

（6）景観とアート

　これまでも観音寺景観まちづくりでは、集落の魅力を強みとしてアートイベントを開催してきた。水のせせらぎや風などの音しか聞こえない観音寺集落を舞台に、自然音と打楽器などがコラボレーションしたコンサート「ヒカリトオトノセカイ」である。新たな公事業等を通じて実践したイベントであるが、ナレーションも地域住民の女性が務めるなどのこだわりも加わり、アーティストが特別な想いを抱く企画となっていた。自然・アート・人による心象風景の共有化を意識したイベントといえる。そして里山学校でも、フィナーレとして天水の里コンサートを開き、里山学校は感動の幕を閉じたのである。

　景観まちづくりにおける景観とアートのコラボレーションは、景観という観念的な魅力を共有するうえで有効な手段であるといえる。ふだんは音響施設の整ったホールなどの環境で演奏しているが、美しい自然環境で演奏できることに特別な喜びを感じとり、アーティストにとっても貴重な機会となっている。あるアーティストが集落を見た感想として「ヨーロッパの街並みを連想させられ、女性的な美しさを集落の雰囲気から感じる」といい、アーティストならではの感性から評価を受けることができたことも、景観とアートのコレボレーションの有効性を見出すことができるのではないだろうか。

表3-3　次なる「景観まちづくり」への提言

　美しく風格のある国土の形成、潤いのある豊かな生活環境の創造及び個性的で魅力ある地域社会の実現を目指した景観法が施行され、観光振興や地域振興といったかたちで、日本の景観政策は一定の効果を発揮しつつあります。そして、地域の経済活動を支える役割についても、今後、「景観まちづくり」に期待されるところです。
　しかしながら、地域の家族的なコミュニティに支えられ、多くの経済的価値を超えた郷土愛が土台となって美しい風景が守られてきた、この観音寺集落に見られるように、「景観まちづくり」は単に経済的価値という指標にとどまらないのではないでしょうか。
　観音寺集落では、人々の心をひとつにする自然と美しい眺望が織りなす調和のとれた風景が、家族的なコミュニティを形成しているように、「景観まちづくり」は、地域固有の暮らしや心惹かれる郷土愛、まさに文化の源泉となるものではないでしょうか。
　人口が減少し、自然との共生や環境への配慮が地球規模で求められる時代において、経済的な価値観を超えた郷土愛や、地域の個性や魅力を感じる風景に、人々は集い、暮らしを営んでいくのかもしれません。利便性の追求だけではなく、心の癒しや人々の支えあい、家族的なコミュニティによる暮らしの安心感が、これからの時代に求められているのではないでしょうか。
　日本の景観政策が所期の目的をある程度達成し、次なるステージに向かう今こそ、地域固有の暮らしや文化の保全・伝承、文化的価値観の共有に向けた「景観まちづくり」を進めていくべきだと考えます。多くの人々が真の暮らし良さを実感できる地域社会の構築に向けて、「景観まちづくり」が全国各地で実践される必要性及び重要性を、ここに提言します。

　　　　　　　平成23（2011）年10月10日　　「観音寺里山学校」参加者
　　　　　　　　　　　　　　　　　　　　　　　代表　西村幸夫

（栗東市「景観まちづくり」2012年より抜粋）

4. 次なるステージへ

(1) ワカモノミーティング

　里山学校を通じて観音寺集落への注目度も高くなり、滋賀県職員新任職員研修の現地研修先としての受入れや、滋賀県立大学の実習先として学生の受入れ、また他地域からの視察の受入れなど、これまでの取り組みが一定の成果として現れはじめていた。

　その一方で、観音寺の地域住民たちはイベント疲れが表面化していたのも事実である。少ない人口の集落におけるまちづくり活動は、農林業や地域行事に加えての活動であり、どうしても地域住民に負担がかかってしまうためである。少し頑張りすぎたという反省もあり、あまり地域住民に負担が掛からないように配慮しながら、定住促進につながることを重視し、継続していく方向に切り替えていくことになった。

　そこで考案されたのがワカモノミーティングである。ワカモノミーティングは、これからの観音寺集落を盛り上げていくために、従来までの世代だけではなく、集落の若者たちと地域外の若者たちが協働した取り組みを展開することができないだろうかという発案から動き出した活動である。

　里山学校を通じてさまざまなネットワークが広がっていたこともあり、多くの大学生や大学院生たち、さらには他地域の若者たちとのつながりも生まれていた。ここでいう若者とは、学生たちのような20歳代に限定するのではなく、子育て世代などを含んだ40歳代も含めており、40歳代の筆者も若者であるといい切って進めようというものであった。

　国や県からの支援も受けていたため、地域内外の若者が集うワークショップを開催し、まちづくりを通じた企画等を動かし始めたのだ。その1つが、ダンボールアートイベントの開催であった（図3-3）。すでに催していた「ヒカリトオトノセカイ」では、年末年始という里帰りの季節に、イルミネーションを使って観音寺集落を美しく照らしたり、コンサートを催したりするもので、集落から出ていった者たちが里帰りしたさい、故郷への愛着をもってもらおうと実施してきたものである。ワカモノミーティング

図3-3 ダンボールアートの様子

筆者撮影

では、この企画をさらに盛り上げたいという話し合いが進み、飾りつけのデザインやコンセプトなどを企画し、そこにダンボールアートイベントを開催することを企画したのだ。この企画を通すために、従来までのまちづくりの推進役が集うリーダー会議で、若者たちが集落の年長者たちへの説明を担い、自立的に活動が進むように働きかけていった。会議での説明やイベントのための材料調達、準備作業など、世代と地域を超えて協力して進めていった。当日、残念ながら雨模様となったが、多くの都市部からの来訪者を招き入れ、観音寺集落の夜の風景を満喫することができたのではないだろうか。

　しかし、世代間の意識の違いやまちづくりに向けた想いの違いなどもあり、すべてが順調にいったわけではなかった。ときには愚痴を聴くことや、揉め事の仲裁をすることもあった。まちづくりに深くかかわれば、おのずと出てくる本音のぶつかり合いだといえる。天水木族メンバーがいつもいっていた「いいたいことも我慢して集落の守をしている」という言葉の重みを感じざるを得ない。人口が少ない集落だからこそ、お互い様で助け合いながら生きていくために、いいたいことも我慢しなければならないのだ。ここに地域外からの人材が加わり、まちづくりを議論していくことで、我慢してきた想いや感情が表出することになるのだろう。こういう意味でも、地域内外のメンバーでまちづくりを進めることは、地域住民たちの想いを解放することにつながり、これが引き金となり地域内が混乱してしまっては本末転倒である。そうならないためのコーディネート役を誰が担うのかも、まちづくりの要点といえるだろう。

(2) ハード面での定住促進

　観音寺集落では、自然や景観を魅力として「定住促進」をめざしてきたが、里山学校の成果として、具体的な移住相談や休耕田で農業をしたいなどの相談がいくつか入り出していた。しかし、観音寺集落内にある空き家の件数は意外に少なく、すぐに提供できるような状態にはなかったのだ。

　このため、具体的な土地の確保など集落住民の意向を尊重し、新たな宅地を確保する方向で検討を進めることになった。しかし、さまざまな土地利用規制を受けるなかで、なかなか前に進めない状況が生じてきた。

　栗東市域全域は、都市計画法でいう都市計画区域に位置しており、都市的な開発を進める市街化区域と、開発を抑制する市街化調整区域に区分されている。観音寺集落は、中山間地域に位置し市街化調整区域に位置している。森林や農地を含めて厳しい土地利用規制が敷かれているのだ。ここに一定のルールをつくって宅地化できる計画づくりに取り組もうとしていた。

　しかし、平成25（2013）年に発生した台風18号では、観音寺集落周辺にも甚大な被害がもたらされたのだが、土砂災害などのリスクが高いことも土地利用規制の１つであり、観音寺における定住促進に向けたハード面での計画づくりは頓挫することになってしまったのだ。筆者はすでに、人事異動していたこともあり、この計画づくりの担当からは外れるかたちとなっていたのだが、地域住民がもっとも注目する取り組みが頓挫したことは、地域住民のモチベーションに多大な影響を与えてしまったといえるだろう。

　観音寺景観まちづくりは、ハード面での定住促進が進めなくなったことがきっかけとなり、まちづくり活動自体が停滞してしまったのだ。しかし、定住促進の方策は他にもあり、観音寺の魅力が失われたわけではけっしてない。空き家活用をはじめとする個別の対応方策もあるはずである。長い時間軸のなかでみたときに、今は休止した状態となっているものの、改めてまちづくりが軌道に乗ることが望まれる。

(3) 休止を乗り越えて

　観音寺景観まちづくりは、筆者も含めて担当者が人事異動で所属替えとなり、まちづくりのモチベーションの継続が維持することができなくなってしまった。先述したとおり、たとえ人事異動したとしてもかかわりつづけたいという想いをもっていただけに、こうした状況に陥ったことは痛恨の極みである。当初、景観まちづくりのモデル的な地域として、地域と自治体の協働により取り組みを進めてきたはずであるが、「魔のサンセット方式」という言葉のとおり、自治体は補助金の切れ目が縁の切れ目というスタンスに立つことが往々にしてある。本来の目標とは、モデル事例づくりという位置づけで進めてきたものであっても、一定期間の補助金などの切れ目を節目として、自治体が協働関係から手を引くという事例は数多く見られるのではないだろうか。これは自治体の公平・公正・平等という基本姿勢に合致しないことを理由にしているのであるが、特定の地域づくりに深くかかわる正当性の説明責任から逃げているのではないだろうか。まちづくりには時間がかかるのは当たり前であり、モデル事例をつくっていくためには、継続的にかかわるための体制が必要である。

　また、自治体側の課題を投げかけ、自治体からの動きを待っていても状況の改善はどうなるか分からないのも事実である。筆者自身も、動かなくなった観音寺集落でのまちづくり活動に、何らかの機会をうかがいつづけているが、いまだに実現にはいたっていない。しかし、観音寺景観まちづくりにかかわってきたTEAM街道知部のメンバーたちは、それぞれの立場から再始動に向けた想いをもっているのも事実である。次のステージを進めていくためには、地域と自治体との協働を期待するのではなく、こうした個人レベルでの想いを結集して、再出発していくことが求められる。この動機も、観音寺集落に向けた愛着がエンジンとなるだろう。

注

1 「新たな公」や「新しい公共」などの表現を併用しているが、時の政府の呼称に合わせて記述したものであり、同義の意味合いとして扱っている。
2 国土交通省「新たな公」によるコミュニティ創生支援事業は、官民の多様な主体が協働し、地域資源を活用してコミュニティを創生しようとする活動を支援する事業。
3 農林水産省が景観農振に相応しい地域を対象に、委託事業として集落ビジョンづくりを支援するものであり、具体的な内容としては専門家派遣によるワークショップやアドバイス、情報提供などの人的支援。
4 食と地域の交流促進対策交付金(農林水産省)は、農林漁業者の所得向上と集落の維持・再生を図るため、食をはじめとする豊かな地域資源を活かし、創意工夫に富んだ集落ぐるみの都市農村交流等を促進するため、地域にとって使いやすい交付金を国が直接交付し支援する制度。
5 シンポジウム助成事業は、(一財)自治総合センターが主催する定額助成制度であり、全国モーターボート競走施行者協議会からの拠出金を財源として、要綱に定めるシンポジウムの事業を実施する者に助成することで、活気に満ちた地域社会づくりの推進を図る事業。

第4章
市街地での景観まちづくり
―安養寺地区編―

　本章では、安養寺地区における地区計画の見直しをきっかけに始まった安養寺景観まちづくりを紹介したい。地区計画とは都市計画法にもとづく都市計画手法の1つであり、地権者の全員合意により土地利用規制や都市計画を定めるものだ。それゆえ簡単に見直すことはできない懸案課題とされてきた。

　安養寺地区は市の中心市街地に位置することもあり、たんなる地区計画の規制緩和を進めるべきエリアではなく、中心市街地におけるにぎわい再生や市民の暮らし良さを追求するため、「景観による魅力向上」を合わせて進めることになったのだ。これらを実効的に進めるためにも、行政主導型ではなく住民主導型で展開することが求められ、エリアマネジメント組織づくりをめざしている。

　一方、安養寺地区は、大都市近郊にある地方都市の市街地であるという「間にある都市」としての地域特性をもち、もっとも市街地の活性化が困難なエリアでもある。こうした地域課題に向き合うため、地域住民とともに進めてきた安養寺景観まちづくりの取り組みは、先行モデルとなりうる可能性をもつと考えられる。

　特に、まちづくりの展開に合わせて、いくつかの社会実験的なアプローチによる取り組みを進めてきた。規制誘導などのハード面では「モデル創造方式」による景観に配慮したモデルづくりがあり、またソフト面ではコミュニティガーデンの取り組みや、コミュニティデザインによる一本釣り手法で立ち上げたまちづくり組織「A + Plus」の結成事例があげられる。

　本事例での取り組みは、エリアマネジメントの実現にまではいたっていないものの、仕組みづくりや担い手の発掘・育成などでは一定の成果をあげた事例といえるだろう。

1. 地区計画の見直し

(1) 規制緩和と景観による魅力向上

　当初の安養寺地区の地区計画は、バブル経済期に計画立案したという時代背景もあり、バブル経済が崩壊した平成6（1994）年に都市計画決定されている。こうした社会経済的な背景もあり、建築物の最低高さ規制や建築用途規制等を通じて高度利用をめざした土地利用規制が敷かれていた。しかし、バブル経済の崩壊やJR琵琶湖線の新駅（栗東駅）建設といった社会環境が変化するなかで、計画で描いた都市計画ほどの高度利用が進まなかったのだ。その後、平成7（1995）年に発生した阪神・淡路大震災を契機として耐震化に向けた関心が集まるなか、地区計画の土地利用規制が足かせとなり、建物の耐震化や建替え等の建築活動を停滞させていた。また、中心市街地である安養寺地区であるが、近年では商業店舗も減少する傾向にあった。

　平成22（2010）年度、こうした状況を改善するため地区計画の見直しに着手したのであるが、中心市街地としての特性に十分に配慮する必要があった。このため、市は見直しに向けた基本方針として、建築活動の適正化を図るだけではなく、景観施策を進めることで地域の魅力を向上させ、地域活性化をめざすことになった。

　地区計画は地権者の合意形成によることが前提となる。このため、まずは地元自治会である安養寺4自治会（東、西、南区、北区）に相談したうえで、住民意向アンケート調査を実施することになった。しかし、住民意向アンケート調査の結果、回収率は伸び悩み、地区計画自体の認知度の低さ、まちづくりに向けた無関心さが明らかとなった。当初の地区計画の決定手続きが、行政主導で進められてきた影響もあるのだろうが、その他にも都市計画自体が日常の暮らしでは意識されないことも要因の1つといえるだろう。木造住宅なら約30年に一度、マンションなどでは約50年に一度というサイクルでしか、都市計画による土地利用規制を意識しないためである。

また、アンケート調査結果の報告会では、市民の関心は都市計画の見直しや景観まちづくりではなく、同じ時期に進められていた財政改革や公共施設の売却などに関心が集まっていた。特に、印象的な市民の反応として「すでに暮らし良いため現状のままでよい」とするものだ。安養寺地区の市民は、商業事業者の衰退や建築活動の停滞が深刻な状況にあるにもかかわらず、あまり関心をもっていなかったのである。車を使った日常の暮らしのなかで、身近にある商業施設には無関心であることが明らかになったのだ。特に注目すべきなのは、人口が増加しても商業事業者の衰退という状況が生じることである。定住人口の増減と地域経済の活性化は連動していなかったのだ。

(2) 間にある都市

　全国の地方自治体では、郊外にワンストップ型の大規模商業施設が数多く立地し、中心市街地の衰退は著しく決定的な解決策が見つからない状況にある。全国各地で課題解決に向けた取り組みが進められているが、まずは地域固有の特性を十分に認識するところから進めていくことが望ましいといえるだろう。

　トマス・ジーバーツは、中心市街地から拡散し広域化した都市構造を「間にある都市」[1]として現在の都市構造自体に起因して激化しつつある社会的、文化的な葛藤によって解体されつつある都市問題に注目している。この「間にある都市」とは、大都市近郊にある歴史的な背景をあまりもたない「地方自治体」と同義の言葉といえる。経済成長時代に拡散した「間にある都市」は、人口減少や成熟経済という社会環境のもとどのように都市政策として諸課題に向き合っていくべきか、難解な課題を抱える傾向にある。

　一方、地方自治体における市民の関心はどこにあるのだろうか。自然災害や無縁社会といった安全・安心という直接的な暮らしの課題、中心市街地の衰退や地域経済の停滞などの課題など、市民の問題意識も多様といえるだろう。

栗東市の現況と照合すると、トマス・ジーバーツが「間にある都市」発展に向けた四つの概念モデル[2]におけるモデル３の「衰弱都市」の傾向にあると考えられる。それは、平成の大合併における市町村合併はしていないものの、圏域、あるいは商圏や生活圏でみたとき、広域的には隣接市にあるイオンモールやＡスクエアなどの大規模商業施設での購買傾向が強くみられ、交通移動手段も自動車依存型にあり、国土幹線の沿道サービス型商業施設でも消費傾向があり、市民の経済活動は分散している。トマス・ジーバーツが指摘するとおり、まちづくりとして中心市街地を意識的に創ることは、ほぼ不可能に近い状況といえるのではないだろうか。つまり、従来型の活性化イメージである中心市街地が核となるまちづくりをめざすのではなく、むしろ山崎氏が示す「活動人口」[3]を増やし、新しいコミュニティがかかわる仕組みをつくることが望ましいといえるだろう。そして、来るべき高齢化社会の到来に向け、地域住民の安全で安心な暮らし良さを追求し、コミュニティの強化や現存する商業者と地域住民の共存共栄の必要性を共有し、相互に暮らし良さを実感できる仕組みをつくることが必要なのだ。

　なお、安養寺地区の地区計画は約22haに都市計画規制が敷かれ、安養寺４自治会（東・西・南区・北区）の総面積は約50haという面積規模にある。安養寺景観まちづくり活動の地区を限定するものではないが、日本全体の平均規模が137.2haに対して、英国の中心市街地が約20ha程度であることを考えれば、エリアマネジメントを視野に入れ地域運営をおこなううえで妥当な規模といえるだろう。

（3）市民参加のはしご

　住民自治の前提となるのが、主体的に地域をマネジメントしようとする住民の参加意識である。市民参加の段階を整理したアーンスタインの「市民参加のはしご」[4]では、８つの段階に市民参加の熟度を区分し、その６〜８に位置する「住民の力が生かされる住民参加（Degrees of Citizen Power）」とし、市民参加の最上位に位置づけているが、その具体的な取

り組み手法の1つがエリアマネジメントである。エリアマネジメントとは、地域における良好な環境や地域の価値を維持・向上させるための市民・事業主・地権者等による主体的な取り組みであり、環境や安全安心、維持管理・地域運営、地域全体の魅力づくりなど、多様な分野に向けた手法として期待されているものだ。

小林重敬は、エリアマネジメントをこのように大別している。

─── 1つは、競争の時代において積極的に質を高める都市づくりであり、大都市の都心部における活性している地域がより優位に立つための都市再生、もう1つは衰退している地区を再生する都市づくりで、地方都市の中心市街地の生き残りをかけた地域再生（小林重敬、2005：3）

安養寺地区では、後者の衰退している地区の地域再生を意識したまちづくりに注目し、いかに住民自治の視点で取り組みを進めることができるのかに着目している。

一方、真山は、単純に欧米モデルを参考として住民自治を論じることの限界を指摘し、日本社会にあった地方自治システムの構築が必要としている。これを前提に考察すると、住民自治の1つのかたちといえるエリアマネジメントの体制や構築過程における諸課題の抽出と、この対処方法の事例を積み重ねることが、日本社会にふさわしい住民自治を確立するうえで有効であるといえるだろう。

特に、滋賀県栗東市はいまだに人口増加の傾向にあり、逆のいい方をすれば後進的に人口減少していく地方自治体であり、歴史的な背景をもたない「間にある都市」であるといえるだろう。それは従来型の行政主導型まちづくり手法で一定の成果があがっているため、住民主導型のまちづくりへの転換が容易でない自治体ともいえる。しかし、国も地方も財政状況が今まで以上に悪化することが懸念されるなか、遅れて人口減少時代に突入することは、まちづくり手法の転換がさらに困難な状況にあるといえるのだ。

2. 安養寺景観まちづくりのはじまり

(1) 安養寺景観まちづくり検討委員会

　平成22 (2010) 年のアンケート調査結果を受け、地区計画見直しという都市計画の変更手続きを進めるためには、まずは地域住民の関心を高めなければならないことが明らかになった。まちづくり活動を通じて地域課題や将来ビジョンを共有しながら、市民や事業者の関心を高め、地区計画見直しの合意形成を図らなければならないのだ。

　平成23 (2011) 年、市民や事業者等が主体的にかかわることを意識し、安養寺地区の将来ビジョンを展望していくため、地区計画の見直しを検討する委員会を立ち上げることになった。委員会は、学識専門家、安養寺地区の4自治会の代表、商工関係団体や地区の大規模事業者、市の関係部署等で構成することになった。織田のいう産公民学際のうち「産公民学」が連携することを意識してのものであった。また、各団体からの委員選出では、女性や若手の起用を呼びかけ、将来的に地域を支える世代をまちづくりに巻き込むことをめざしていたのだ。

　また、観音寺景観まちづくりを通じてつながりを得ていた、studio-Lの山崎氏と連携するため、地域総合整備財団（以下「ふるさと財団」という）による「まちなか再生事業」の専門家派遣事業を活用することにした。山崎氏はコミュニティデザイン[5]で注目を集めており、安養寺地区で地域住民の主体性を高めていくため登用したのだ。山崎氏の参画により、産公民学につづく「際」の視点を、つまり、外部人材としての「際」の力を活用し、安養寺地区のまちづくりの活性化を期待したのである。その結果として、後述するA+Plus（エイプラス）の試みが始まることになった。

　委員会活動を効果的に進めるため、委員会を主導する立命館大学髙田昇教授[6]からの提案により、第1回委員会ではまちづくり講演会および意見交換会として、委員以外の地域住民や地権者も参加できる機会を創ることにした。これも今後のまちづくりを担う人材発掘を意識してのものであり、こうして安養寺景観まちづくりが始まることになったのだ。

第2回委員会では、まち歩きやワークショップを住民参加型でおこない、新たな発見やアイデア、さらには前向きな提案などの議論を交わした。このさいも、委員会の委員だけではなく、関心のある地域住民を巻き込み、関心の高そうな人材をどんどん巻き込むことにした。観音寺地区とは違い、安養寺地区は多くの市民の暮らす市街地であり、いかに参画する機会をもてるかが重要だと考えたためだ。そして、開かれた雰囲気づくりを意識することで、地域に潜在している主体的でモチベーションの高い地域住民や事業者と出会う機会になったのだ。

　また、多くの地域住民を巻き込んだ結果、まちづくりのアイデアや企画は大きく膨らんでいった。「地域全体をガーデニングのまちにしたい」「そのガーデニングで四季を感じたい」「緑で商店をつないだらどうだろう」「安養寺には美容室や理容室が異常に多い」「人がつながる個性的な店主がここにいる」など地域住民だからこそ知ることができる情報がたくさん集まったのだ。そして、さまざまなプロジェクトが議論され、これらを実現させるために検討委員会に部会を設置することになった。特に、意見や提案の多かった「花と緑」、「お店」に焦点をあて、それぞれのチームに分かれ踏み込んだ議論を展開することにしたのだ。その結果、テーマを絞り込み、もう一度まち歩きに出たり、新たなキーマンとなる人材を集めたりするなど、主体性を高めた地域住民は、まちづくりのプレイヤーとして、楽しみながら活動を実践していった。また、こうしたソフトな取り組みだけでなく景観ルールに関しても部会を設け、地区計画の見直しという規制緩和に連動する景観ルールの議論も進めていった。

　まちづくりへの関心は徐々に高まりをみせてきたことを、第3回委員会での議論の材料として活用しつつ、地区計画の見直し素案が議論されていった。また、地域住民の主体性を高めるために、住民主導型のまちづくりの実現をめざして、将来的に組織化することをめざしているエリアマネジメント組織の人材育成を進めていかなければならなかった。このため、エリアマネジメントの中心的な役割を担う人材育成をめざして「コミュニティデザイン講座（後述）」などの取り組みも同時に進めたのだ。

最終の第4回委員会では、地区計画の見直し素案の策定にいたると同時に、景観ルールの更なる議論、エリアマネジメント組織体制を確立する必要性から、継続的な取り組み体制を確保するため、景観法に基づく景観協議会[7]を立ち上げる方向が共有された。また、百年先という長期的な将来ビジョンとともに、短期的な初期段階の景観まちづくりの目標として「花と緑」という身近なところから着手すること、そしてまちづくりの熟度に合わせて年次的に積み上げていく方式として「成長するガイドライン」を創りつづけるという方針を共有したことは大きな前進であったといえる。

　委員会は、4回の議論を通じて地区計画の規制緩和に向けた見直し案を整理した。しかし、景観ルールの具体的な内容やエリアマネジメントの組織体制、そしてこれを動かす仕組みなど、地区計画の規制緩和と連動する「景観による魅力創出」の体制づくりにはいたっていなかったのだ。車の両輪として動かす一方のまちづくりガイドラインが未完の状況にあり、継続して取り組むべき課題は山積していたが、まさに発展的な解散というかたちで委員会での議論を終えたのだ。

　また、毎回ワークショップ形式により参加型の議論を進めたことで、景観を切り口としつつ市民と事業者の連携、コミュニティづくり、歴史文化の掘り起こしなど、多様な視点で意見交換を交わし、これから対応すべき課題やその対応策のアイデアが数多く提案されていた。こうした市民や事業者が主体的に議論、検討したプロセスにこそ、大きな意義があったのではないだろうか。

(2) 景観協議会（法定協議会）の立ち上げ

　平成23（2011）年度の委員会の発展的な解散を受け、平成24（2012）年5月、景観法に基づく景観協議会として安養寺景観まちづくり協議会（以下「安養寺協議会」という）が設立された。全国で13番目の事例となる景観協議会である。この協議会は、安養寺4自治会の会長が発起人となり、めざすべき景観の創出に向け、地元自治会や地権者、事業者、および公共施設管理者（栗東市）で構成し、将来的なエリアマネジメント組織の構築を

目標の1つとして掲げることになった。また、協議会での活動は部会制を採用し、いずれかの部会に所属することを条件とした。関心のある分野を通じて景観まちづくりに主体的に関与することを意識したためだ。

協議会を構成する部会は、これまでの取り組みの積み残しとなっているまちづくりガイドラインを検討する「景観ルール検討部会（以下「景観ルール部会」という）」、花と緑のまちづくりを展開する「花と緑のガーデニング部会（以下「花と緑の部会」という）」、そしてまちづくり活動を主体的に実践する「A＋Plus（エイプラス）部会」を正式に設置した。これらの部会活動は後述したい。

一方、市は協議会活動を効果的なものとするため国土交通省「民間まちづくり活動促進事業」を活用し、花と緑のコミュニティガーデンづくりなどを盛り込んだ社会実験や、ガイドライン作成をめざした取り組みなどに着手した。さらに協議会設立を記念して、市景観条例にもとづく「堂々！！りっとう景観記念日」事業と、商業団体が主催する「いちょうまつり」を共同開催するなど、安養寺協議会による取り組みは、発足という時機に合わせ、注目を集める取り組みが進展することになったのだ。

3. 住民主導型への仕掛け

(1) ハード面での取り組み　―モデル創造方式の運用―

地区計画見直しが求められる社会経済状況を一歩引いて考えてみると、経済成長時代には一定の効果のあった規制誘導による都市計画手法も、人口減少や安定経済時代には、縮小する都市計画、地域づくりの論議があって然るべきという見方ができないだろうか。都市計画や地域づくりも社会全体が縮小化していくことを意識し、将来ビジョンを含めた転換を余儀なくされると考えられるためだ。市街地開発を前提とした規制誘導よりも、話合いなどを通じて地域貢献を引き出すといった創造的な手法が、これからの縮小していく社会経済には合っているのかもしれないといえるだろう。その1つの手法として考案したのが「モデル創造方式」である。

都市計画法による地区計画制度は、住民合意に基づき地区特性にふさわしいまちづくりを誘導する都市計画手法である。ドイツの地区詳細計画（Bプラン）制度などを参考に、昭和55（1980）年の都市計画法及び建築基準法の改正により創設されたものだ。この制度は全国各地で活用され、平成22（2010）年3月31日現在5,795地区が決定している。
　栗東市でも、栗東駅前地区や安養寺地区を都市計画決定し、めざすべき都市像の実現に向けた規制が敷かれ、当時の栗東市の地区計画運用では建築基準法68条の2に基づく条例[8]は制定せず、都市計画法にもとづく適合審査のみで運用していたのである。
　安養寺地区では社会経済に不相応な地区整備計画による規制のために建築物の建替えや新築等の建築活動を停滞させていることが課題となっていた。地区計画制度は、規制誘導によりめざすべき将来都市像の実現に向けた規制であるため、建築活動が停滞するか否かは別として、めざすべき都市像に向け規制の効果は働いていたといえる。しかし、地区計画の具体的な内容として、幹線道路沿道の1階部分では住居系用途の使用を禁止し、事業者用テナントの設置を誘導していた。しかし、既存建物では空きテナントが目立つ状況が現れているほか、幹線道路沿いに立地する個人住宅の建替えは13.5mの最低高さ制限が敷かれ、建て替えが困難な状況にあったのだ。さらに、これらを運用としてかわす手法を内規で処理するなど、規制の抜け道を使う事例も出てきており、当初の計画で描いたものとは相反する街並みが生まれていたのだ。
　地区計画の指定から約15年を経て、ようやく見直しに向けた取り組みが始まったが、地区計画の見直しに着手したとしても、都市計画の手続きを完了するまでは法的効力が生きたままとなる。つまり、目的を失ったまま規制だけが働いた状況がつづくのだ。その一方で、地区計画見直しと両輪で検討していた「景観による魅力向上」では、対策を議論する段階にあり、具体的なモデルの可視化や視覚的な論議の材料を求めていたのだ。この両者の問題意識から考案したのが「モデル創造方式」による地区計画の運用である。

「モデル創造方式」では、地区計画の規制緩和の条件として景観上の配慮や地域貢献などを建築主との話し合いのなかで、今後の規制緩和や景観ルールを検討するために、文字通り先行的なモデル創出を目的としている。当時、建築活動が停滞していたことを物語るように、モデル創造方式の施行後、具体的な相談案件が相次いで寄せられた。建築物の建替え、住宅開発、共同住宅の新築など、多様な建築活動の相談がもちかけられたのだ。平成25（2013）年、地区計画の変更手続きが都市計画決定したため、モデル創造方式の運用は終了しているが、その手法を引き継いだかたちで、安養寺景観まちづくりガイドラインの運用に継承されている。

　なお、このモデル創造方式による弾力的な運用が可能となったのは、皮肉にも建築基準法68条の2による市の建築条例を制定していなかったためである。法的規制を担保していなかったことが、モデル創造方式という弾力的な手法を後押しするかたちになったのだ。

　一方、「モデル創造方式」により誘導したのは、身近で過度な負担とならない「花と緑」であり、その方法も「量よりも質」を重視していた。また、タウンガーデナー制度の導入や建物まちなみ相談会によるガーデニングプランの提示など、一つひとつの案件で細やかな話し合い、管理やコミュニティづくりを意識した取り組みは、行政主導の規制誘導では実現できない試みといえる。これらの指導に当たっていただいた高田教授の尽力に負うところは大きかった。

　また、安養寺地区でモデル創造方式を打ち出すことができたのは、社会経済に不相応な地区計画の存在であったが、これは栗東市だけに限ったことではない。これからの人口減少時代では、都市計画法による規制行政を進めた右肩上がりの経済情勢を背景とする開発を基軸としたまちづくりには限界が生じており、全国各地の地方自治体、特に「間にある都市」において一般化される徴候であろう。

　これからの都市づくりでは、規制誘導手法よりも地域まちづくりの将来ビジョンを共有しながら相互理解を深め、地域全体の付加価値を高める手立てが必要である。「モデル創造方式」による試験的なエリアマネジメン

ト手法の導入は、住民自治の1つの手法として注目できるのではないだろうか。

　筆者が特に注目しているのは、法規制では性悪説に立ち、西村が指摘する「何とか抜け道を探そうとする輩を阻止することに意識が集中せざるを得ない」（西村幸夫、2008：52）側面があり、規制行政では規制値自体が到達すべき基準となることである。図4-1に示すとおり、モデル創造方式による話し合いでは地域の課題に合わせた地域貢献を話し合い、建築主の想いと地域の想いを調整する場となりうる点である。たとえば、地域住民と事業者の関係でいえば、地域課題への協力や貢献を通じて、市民（＝顧客）との信頼関係が生まれ、顧客（＝市民）の獲得につながる可能性が期待できるのだ。

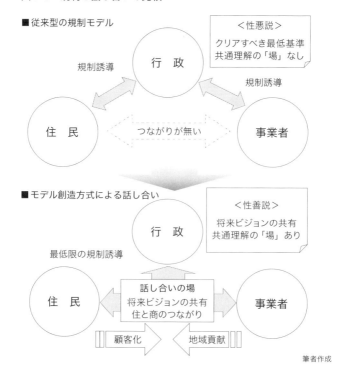

図4-1　規制と話し合いの比較

筆者作成

(2) ソフト面からの取り組み ―人材育成―

　安養寺協議会は、地元自治会や地権者、事業者、行政等による景観協議会であり、関係者が景観まちづくりをテーマに将来ビジョンを共有し、継続的に取り組むために組織されている。エリアマネジメント組織として住民主導型まちづくりを進めるためには、安養寺地区の市民や事業者が中心となる組織づくりが必要となる。安養寺協議会はあくまでもステイクホルダー間の調整の場であり、エリアマネジメントや管理運営を担う組織は、別に組織する必要がある。このため、エリアマネジメント組織の立ち上げに向け、組織を牽引する人材育成を意識し、花と緑部会、景観ルール部会、A＋Plus部会などの部会を設置したのである。ここでは部会ごとの活動や問題意識を紹介したい。

　花と緑部会は、定期的に開催するガーデニング講座の受講生や、平成23（2011）年度の検討委員会での花と緑グループを中心に組織された。平成24（2012）年度には、社会実験としてコミュニティガーデンづくりに向け、ワークショップ形式の会議により計画・実践・管理等を話し合ってきた。この部会のメンバーは、花と緑に興味をもつ者が集い、ガーデニング技術を習得しながら、コミュニティガーデン（公共空間のガーデニング）にかかわることで、「自分たちのもの」という意識が醸成されている。平成29（2017）年現在でも、リーダー役を務める田島千鈴氏たちを中心にして、毎月の定期的な活動を無償で継続していることは、エリアマネジメントをもっとも具体的に実践している先行的な取り組みといえる（図4-2）。

　また、花と緑を通じた景観まちづくりは、公共空間だけでなく個人住宅や小さな公共空地等を活かして、まち全体の魅力を高める可能性をもっている。植栽や植樹のデザイン力を磨き、四季を感じる街並みをつくることで、花と緑を通じたコミュニティづくりにも寄与する効果が期待されるのだ。特筆すべきは子育て世代を中心として女性が多く参加している点である。子ども、親、高齢者などの多世代のつながりを育むきっかけとして、その効果は非常に大きいといえるのではないだろうか。

図4-2　歩くスロープガーデン（完成）

A＋Plus メンバー撮影

次に景観ルール部会は、アドバイザーに学識専門家も参画し、部会長には地元で設計業を営む者があたるなど、将来的に土地利用などのエリアマネジメントを進める体制を意識して構築していた。基本的なスタンスとして市が進める「百年先のあなたに手渡す栗東市景観計画」の理念に則り、百年先を見据えて長期的に取り組む姿勢にたち、地区計画見直しに合わせて積み上げていく「成長するガイドライン」をめざし、モデル創造方式で提案されたモデル事例を議題にするなど、ガイドラインの作成に取り組んでいる。このほか先進地視察、景観シミュレーションの作成などを通じて、安養寺の魅力創造とコミュニティ強化の可能性を議論しているのである。

　もう1つがA＋Plus部会である。この部会は、前掲のふるさと財団による再生総合プロデュース事業の専門家派遣を受け、山崎亮氏を招聘し、講座を開催したことをきっかけに組織された部会である。構成メンバーは、自治会長、市議会議員、市役所職員のほか、地域住民であるデザイナーやカフェオーナー、NPO関係者や建築士、大学生など多種多様である。

　これは山崎氏によるコミュニティデザイン講座の開催を依頼したときの打合せで生まれた手法であるが、いかに地域に潜在している人材を掘り起こし、エリアマネジメントの担い手としてまちづくりにかかわるきっかけを作るべきかを議論していたのだ。この打合せで議論点となったのが、一般的な手法で受講者を呼び掛けたとしても、モチベーションに温度差が生じてしまうことである。それよりもむしろ、景観まちづくりを牽引してきた筆者が、「この人」と思う人を集めることができれば、モチベーション

の高い人材が揃い、より効果的な講座になるではという結論にいたったのである。こうした一本釣り手法は、通常の自治体による取り組みでは考えられない暴挙ともいえるだろう。なぜなら、公平性や公正性などの自治体職員が縛られる基準からはかけ離れた手法であり、これでは批判に晒されるリスクが大きいためだ。しかし、すでに協議会や部会への人集めを関係団体に依頼しつづけ、多くのまちづくり活動を展開していたという背景もあり、すでに参加者の推薦はこれ以上受入れられない状況も手伝い、特にこの手法により混乱が生じることはなかったのである。余程のモチベーションの高い人材でなければ、これ以上のまちづくりにかかわりたいとは思えない状況にあったのだ。こうして筆者の一本釣り手法によるコミュニティデザイン講座は開催され、受講希望者はすべてが個人的な活動として参画することを前提に、どのような立場のメンバーもフラットにつながることで受講生が集まったのである。

　従来の人選手法では、公平性や代表性を担保するため各組織に人選を依頼すべきところである。しかしこの場合、人選の依頼を受けた者の考え方一つで、どのようなメンバー構成になるのか不明確であり、また、選出されたメンバーも組織を代表する意識を必然的にもつことで、自由闊達な意見交換の阻害要因になりかねない。そして、選出されたメンバーのまちづくりに向けた関心の高さは、必然的に温度差が生じることになる。この人選方法はまちづくりに向けた「関心の高さ」という視点で、公平性に依拠した人選手法といえるのではないだろうか。

　平成24（2012）年1月から2月にかけて講師を迎えての講座は2回であったが、せっかくの貴重な機会を効果的にするため、事前に意見交換会等を交えて開講することにした。講師である山崎氏は、深刻化する少子化・高齢化の人口構造や行政依存型のまちづくりの限界などの社会変化の動向を押さえ、そのとき自分たちができることは何なのか。そして想いをもったメンバーで状況を少しずつ変えていくことの必要性や、活動人口を増やしていくことの大切さ、さらにはまちづくりを牽引するうえで必要となる思考法やファシリテイターとしての技術など、限られた時間であったが濃

図4-3　A＋Plusのロゴ

ヨシダヒカル氏デザイン

密な内容を受講生たちに指導したのだ。また、自身の経験談からも自分たちの趣味の領域（個人活動）での活動の有効性をあげ、講座終了後におけるまちづくり活動の実践にこそ意義があるとしたのだ。その結果、受講生たちは講座終了後も定期的に参集し、各自がもつ夢やアイデアを話し合い、企画提案の発表会やプロジェクトの実践などに繋がっていく。そして、自分たちのチーム名も話し合い、地域住民であるデザイナーのヨシダヒカル氏の提案により「住み親しんだマチ、みんなでプラスに」を合言葉に「A＋Plus（エイプラス）」が誕生したのである（図4-3）。このようにモチベーションの高い人材が集い、ネットワーク関係を構築することができたのは、組織などの公平性や代表制だけに依拠することなく、ただ純粋にまちづくり活動に向けた主体性の高さに着目した結果ではないだろうか。

　コミュニティデザイン講座を出発点として自分たちがやりたい活動を企画し、発表会や意見交換会を重ね、その結果として、堂々りっとう×いちょうまつり（平成24（2012）年度）における企画立案や、新たなイベント拠点である「たこ公園エリア」の企画・運営など（図4-4）、数多くの活動を通じて知名度を上げている。また、安養寺地区のガイドブック『いろいろ』の作製・編集など、センスの良いまちづくり活動は、高校生や大学生にも関心を与えている。

　また、A＋Plusは自立的な活動を進めていることにも注目できる。自らの農園で育てた玉ねぎの収穫を楽しむイベントや、年末の恒例行事になっている餅つきイベントのモチパなどは自己資金で事業を運営しており、住民主導型まちづくりの実践事例といえるだろう。筆者も継続して活動に参加しているがA＋Plusは創成期から次のステップに進んでいるといえる。A＋Plusで巡り合ったメンバーは、市の広報プロジェクトやチラシ

作成の企画など、さまざまな場面でも活動するようになっており、まちづくり活動を通じたネットワークの広がりが、地域レベルから市全体のレベルにまで広がっているのである。今後も、さらなる活躍が期待されるところである。

図4-4　いちょうまつりの様子

Kyon Hashimoto 撮影

4. エリアマネジメントをめざして

(1) 人材発掘の意義

　安養寺地区の事例では、安養寺協議会を発足することで景観まちづくりに関係するステークホルダー（主体）が連携し、めざすべき将来ビジョンの実現に向け、さまざまな取り組みやプロジェクトを展開してきた。しかし、エリアマネジメント組織の立ち上げにはいたっていないのが実情といえ、筆者は、次のステップへといかに導いていくのかに関心をもっている。このとき、重要になるのがまちづくりにかかわる人材の問題意識だろう。

　平成23（2011）年度の安養寺地区でのまちづくりの創成段階から、参画する市民が主体的にかかわることを常に意識し、当事者意識を掘り起こしてきたのも、エリアマネジメントにおける中心的な人材の育成、人材の発掘をめざしてきたためである。それでもまだ、市街地には多くの市民が暮らしているが、まちづくりに関与することなく、ただ生活者として潜在していることは少なくないだろう。安養寺地区のように多くのまちづくりイベントや各種プロジェクトを通じて、潜在している市民（人材）を掘り起こしていくことが重要であり、それぞれが活動できるようにコーディネートしていくことになるだろう。まさに活動人口をいかに増やしていくかに

かかっているといえるのだ。

　一方、エリアマネジメント組織をめざすのであれば、「場のマネジメント」を意識した取り組みが必要である。場のマネジメントの「場」について、篠原は「第一にスタートの切り方、第二に多様な担い手の参画と知恵の結集、第三に地区のアイデンティティの醸成方策、第四に継続性の確保が必要」（篠原祥、2011：124）としている。このスタートの切り方、多様な担い手の参画と知恵の結集に向け、花と緑部会、景観ルール部会、A＋Plus部会ともに参加型の過程を重視し、当事者意識を育み「場」のアイデンティティの醸成に向けた取り組みができていると評価できるだろう。

（2）継続性の課題

　景観まちづくりの継続性に関しては、中・長期的に取り組まなければ評価することができない部分である。現時点では、図4-5の中央部分の段階にあるといえ、安養寺協議会が中心となりエリアマネジメント組織づくりに向け、多様な取り組みを進めているが、行政支援を前提としているのが実態であり、将来的には人材や資金面での自立が必要となるであろう。特に、景観まちづくりガイドラインの運用のように専門性が求められる場合、専門家に相談できる仕組みも必要であり、エリアマネジメントの財源確保が必要となる。コミュニティビジネスを展開することや、定期的なイベント開催による収益確保、さらには多様な主体（ステークホルダー）からの出資などにより、自己財源を確保しなければ継続しないといえるのだ。自治体側のサポート体制も必要であるが住民主導型まちづくりを持続継続的に進めるのであれば、行政支援を前提にしない仕組みを構築しなければ、行政支援の終了と共にまちづくりが頓挫することになる。

　また、資金面だけの問題ではなく、地域住民がエリアマネジメントの必要性を継続的に共有しなければならない。篠原はこれを「志の継続」と述べており将来ビジョンの共有を継続的に担保することも必要なのである。そのためには確固たる将来ビジョンを共有したうえで、多くの地域住民の想いを汲み入れながら、巻き込み型でのまちづくりを展開することが求め

られる。A＋Plusのように、楽しみながら得意分野を活かし、主体的に関与する担い手の存在が必要であり、将来を担う地元の子ども達をいかに巻き込み、地域をマネジメントしていくのかが重要になるだろう。

図4-5　組織発展フロー

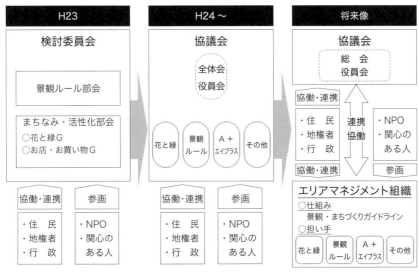

筆者作成

（3）サポート体制の課題

　安養寺地区での住民主導型まちづくりは、他地域に向けた先行モデルづくりをめざして進めてきたものであり、エリアマネジメント組織が円滑に始動するまでのサポート体制は重要である。このサポート体制を中心にみた課題を3点取り上げたい。

　第一の課題として市の組織体制の課題である。安養寺協議会の設立にあたり、市は担当する領域を考慮して関係部局から役員を選出した。これは安養寺地区における地域課題が、組織横断的に自治体組織と関連するためである。具体的には、景観部局をはじめ、道路・公園・市役所庁舎などの公共施設の管理部局（閉鎖された施設を含む）、地域固有の文化財などの教

育委員会部局、中心市街地活性化や観光振興などの経済部局などである。これらの担当部局が組織横断的に情報を共有し、意見交換しながら協力体制をとる必要がある。また、定期的な人事異動のような仕組みも地域住民と担当職員の人間関係に配慮すべきである。これは人と人のつながりは引き継ぐことが困難であるためだ。住民主導型まちづくりを実現することは時間を要するものであり、じっくりと信頼関係を構築しながら長期的に取り組む姿勢が求められるのだ。

第二の課題として、自治体職員のモチベーションの継続である。行政主導型から住民主導型へ移行することは、言葉通りに解釈すると行政側が引き下がり住民側が主導することになる。しかし住民主導を喚起するためには、自治体職員の熱意や高いモチベーションがなければ実現しないだろう。自然発生的に住民主導を待つことでは実現しないのだ。自治体職員が率先して行動することで、潜在化している主体性をもつ市民をつき動かし、まちづくりの担い手として表舞台に登場させる気運づくりが大切なのである。

第三の課題は、専門家の知見の伝達である。各部会ともに専門家によるデザインやセンスなどの技術的なサポートを受け、専門的知見に支えられまちづくり活動を展開してきた。いい換えれば、専門家のサポート無しではエリアマネジメント組織の自立は困難であるといえるだろう。この課題を乗り越えるためには、将来的には専門家のサポートを最小化するために、ガイドラインや指針などの準備が必要となる。また、継続性という課題にも共通するが、常に専門家に相談できる体制づくりも必要になるであろう。エリアマネジメント組織が軌道に乗るまでは、住民主導型まちづくりの先行モデルづくりとして、一定のサポート体制を継続して構築することが求められる。

（4）今後の展望

安養寺地区における景観まちづくりは着手したばかりであるが、数多くの諸課題と向き合い、エリアマネジメント組織づくりという大きな目標に向かっていかなければならない。この展望をハード面とソフト面に分けて

整理してみたい。

　まずハード面では、安養寺協議会の進める住民主導型まちづくりの目標とは、安養寺版のエリアマネジメント組織を設立し、持続継続的な中心市街地のにぎわい再生や、安全・安心で暮らしよい地域づくりの創出である。安養寺モデルの実現に向け、地区計画の見直しと同時に、まちづくりガイドラインの策定等の組織体制と仕組みづくりを具現化することになる。基本的には、モデル創造方式で実施してきた「まちなみ相談会」という話合いの場を継続し、これと同様に地域まちづくりのビジョンと地域貢献の接点を探り、共感を拡げる話し合いの「場」を構築することになる。このまちづくりガイドラインを地域住民が中心となり運用する仕組みを構築することが理想のかたちである。

　一方、ソフト面では、部会制により主体性を高めたテーマ型コミュニティのメンバーが中心となり、責任と役割をもって活動を展開することになる。このとき、テーマ型コミュニティは、更なる仲間づくりを進めていく必要がある。まさに「活動人口」を増やしていくというものだ。そして、機会の公平性に配慮しながら、オープンマインドで希望者を受け入れる体制をつくり、共感者の拡大を進めるのだ。そして、将来ビジョンを共有し、相互理解を図りながら進めていく姿勢が大切である。そのためにも、テーマ型コミュニティがまちづくりビジョンや活動主旨を可視化し、関心の輪を広げ、地縁型コミュニティとの円滑な信頼関係を構築していくことが求められる。そして、ミクロ的な合意形成を図るなかで、エリアマネジメント体制や仕組みといった基盤整備が整うことになる。加えて、安養寺地区の場合、市役所庁舎が立地することから、自治体職員も一住民であることの認識が期待される。近年、自治体職員も地域に飛び出し、地域住民の一員としてまちづくりの一端を担う気概が求められるのだ。

　そして最後に、ソフト面、ハード面ともに取り組みを進めたうえで、エリアマネジメント組織が設立にいたったとしても、持続継続的に運用していくためには活動資金を生み出す仕組みの構築、志の継続も求められる。このように、安養寺景観まちづくりには諸課題が山積しているが、テ

ーマ型コミュニティと地縁型コミュニティが、それぞれの長所と短所を補完しながら、楽しく活動できる関係を構築することが肝心である。そして、「住み親しんだマチ、みんなでプラスに」という合言葉を中心に、関係する主体（ステークホルダー）が想いを共有したとき、安養寺地区への誇りや愛着が益々高まり、幸せな暮らしを営むための住民主導型まちづくりは実現するだろう。そして、市民参加のはしごを着実に昇ることができるのだ。

注

1 「田園的土地の拡がり」のなかで、様々な土地利用、開発形態、自然地形などの場の集合を、"Zwischenstadt"「間にある都市」と呼び、地理的、歴史的な原因で成立した、独立した、特別な場所である旧来の都市と、世界的な分業による、場所を問わないで開発された郊外の土地の間にあるものである（トマス・ジーバーツ、2006：15）。日本語版再版（水曜社版）2017ではP25。

2 「間にある都市」発展のための四つの概念モデルとして、モデル１の「保全される都市」では、非民主的な社会においてのみ、現在でもコンパクトな都市を強制することができるとした。モデル２の「調整された複数のセンターを有する都市」では、中心部は多機能を維持し、そこには広範囲にわたって歩行者専用道路が整備され、そこにアクセスするための公共交通網も放射状に整備されるとした。モデル３の「衰弱都市」では、質的・量的に超大規模なショッピングセンターが立地し、それが都市や地域への物やサービスの供給を広く担うとし、都市と地域は長期的には自動車依存型になるとした。モデル４の「人工的世界の都市」では、専門化、機能最適化、システム化されたセンター群が、広域圏内での物やサービスの供給を行うと類別している（トマス・ジーバーツ、2006：163）。日本語版再版（水曜社版）2017ではP150。

3 「定住人口が減るなら交流人口を増やそう」という話になることが多い。むしろ「活動人口」を増やすという手もあるのではないか（山崎亮、2012：9）。

4 シェリー・アーンスタインはCitizen Powerという観点から住民参加の形態を8段階に分類し「住民参加のはしご」と呼んだ。1）あやつり（Manipulation）、2）セラピー（Therapy）、3）お知らせ（Informing）、4）意見聴取（Consultation）、5）懐柔（Placation）、6）パートナーシップ（Partnership）、7）委任されたパワー（Delegated Power）、8）住民によるコントロール（Citizen Power）の8段階の、6から8段階ではじめて真に住民の力が生かされるとし、「住民の力が生かされる住民参加（Degrees of Citizen Power）」と呼んでいる（世古一穂、2001：40）。

5 コミュニティデザインは、1960年代から存在するが、第１、第２のコミュニティデザインが施設等をつくることを前提としたのに対し、第３のコミュニティデザインはハード整備を前提としないものであり、第１や第２のコミュニティデザインが掲げてきた目標と同じく、コミュニティ＝人のつながりをつくるための手法としている（山崎亮、2012：122）。

6 安養寺景観まちづくり検討委員会の委員長を務め、花と緑の景観まちづくりや、コミュニティガーデン等を中心に同委員会を主導している。

7 景観法では、景観行政団体等は、必要と認めるときは関係行政機関及び観光、商工、農林漁業、電気事業、電気通信事業、鉄道事業等の関係団体等を景観協議会に加えることができ（15条1項）、良好な景観形成の促進を推進するため、景観協議会の協議決定事項を尊重しなければならない（15条3項）。

8 市町村の条例にもとづく制限として地区計画等の内容を定め制限することができる。

第 5 章

まちづくりに向けた公務領域の再考

　ここまではまちづくりの実践事例を中心に論述を進めてきたが、ここまでの道のりは決して順風満帆だったわけではない。従来まで、実践したことの無いまちづくりに挑戦するとき、自治体内部での業務手法や発想などを転換しなければならない。つまり、お役所仕事と呼ばれる前例踏襲主義を突破しなければならないのだ。まちづくりを進めていくうえでは、保守的な自治体組織内での議論（衝突）も少なくなかったのも事実である。筆者は、こうした枠組みを乗り超えていく過程で、公務領域とはどうあるべきかを繰り返し模索しつづけてきた。

　他方、筆者が軸足を置く協働・連携や住民主導型のまちづくりを進展させていくためには、地域社会や地域住民が求める自治体職員の役割、つまり公務（public service）領域も変化を求められるのではないだろうか。ただし、まちづくりが進展したとしても自治体職員に求められる公務が不要となるものではなく、ますます、高度化かつ複雑化していくことになるだろう。このような転換期にある時代に、地域政策や地域経営の担い手としての自治体職員はどのような役割や使命を果たすべきなのか。

　本章では、人口減少社会という困難な課題に立ち向かう時代に、公共部門やまちづくり分野における自治体職員の公務を再考するため、自治体職員が日々の業務で取り組む公務を、公務領域の三類型（最低限型、追求型、個人活動型）に分類し、これらの特性や関係性などを分析したい。

　また、行政の無謬性を乗り超えていくために、組織マネジメントの変革や自治体職員の意識改革も必要となってくる。これからの人口減少社会に対応していくためには、これらを両輪で進めることで、「新しい公共」を育成しチャレンジ思考でまちづくりに向き合っていかなければならないのだ。そのための公務領域のあるべき姿を考察したい。

1. 公務とは

(1) 対等な立場にたつ

　行政主導型の公共事業の説明会などでは、参加する市民は「聞く側」の立場であり、説明する自治体側とは対等な立場ではない状況がある。特に、市民に負担や制限を加えるような説明内容であれば、厳しいクレームや苦情を受けることになるだろう。また、協働・連携や住民主導型のまちづくりを進めようとしても、自治体からの働きかけで着手の段階を担った場合、同様に市民は受け身の姿勢から始まることになる。こうした説明会等の場面に参加する市民は、それぞれの仕事を終えたあとや、忙しい時間を割いてなど、個々の時間を犠牲にしてその場に参加していることを思えば、当然の立場の違いといえるだろう。

　筆者はまちづくりを進めるためには、こうした関係性を脱却しなければならないため、対等な立場にたつ方法を探るようにしている。このとき、筆者にとってキーワードとなるのは熱意である。ただし、闇雲に熱意をぶつけたら良いというものでもなく、いま置かれている立ち位置を十分に認識し、市民への説明内容や会議に臨む目的を十分に理解し、市民の想いに寄り添う思考を働かせることが、自治体職員にとっての基本的な立ち居振る舞いといえるだろう。

　このように市民と対等な立場にたつよう努力しながら、共にまちづくりに向き合いたいという意識をもち、自らの公務のありかたを模索しつづけてきた結果、同じ自治体組織のなかでも、個々の職員がもつ意識やモチベーションの違いを感じるようになったのだ。これを3つに分類したのが、「公務領域の三類型」である。太田は「公務員（自治体職員）の「やる気」に関する議論や研究は、一種の空白地帯になってしまった」と指摘しているが、こういう意味でも、自治体職員の公務領域を分類し、自治体職員の問題意識を再考する意義は大きいのではないだろうか。

　一方、住民自治の担い手である市民等も、地域課題を共有し自治体職員と良好な関係を築いていくためには、改めて自治体職員に何を求めるのか、

あるいは自治体職員はどういう問題意識をもっているのかを共通理解することも必要といえるだろう。そのうえで、要望型ではなく協働・連携型によるまちづくりを再構築していくため、それぞれの役割分担を再考することが求められているのではないだろうか。

(2) 行政の無謬性からの解放

　地方自治体の組織は、なぜ保守的なのだろうか。その一因として考えられるのが、宿命的に行政の無謬性に囚われているためである。これは行政施策に対する議会のチェック機能が働くことから、説明責任を求められ「失敗が許されない」という意識に立つためである。しかし、わが国はいままで踏み込んだことのない人口減少という社会問題に立ち向かわなければならない。「失敗が許されない」という行政の無謬性に縛られていては、何の手立ても講ずることができなくなってしまうだろう。

　未知なる課題に向き合い、解決方法の可能性を探っていくためには、自治体職員を行政の無謬性から解き放ち、失敗を恐れないチャレンジ思考をもつ環境をつくることが必要なのである。目の前にある課題を先送りにするのではなく、挑戦者の気概や真摯で謙虚な姿勢で、困難な課題に立ち向かうことが求められているのだ。

　行政の無謬性の弊害は、別の視点からも指摘することができる。それはセクショナリズム、いわゆる縦割り意識により責任範囲を最小化しようとするものであり、いわゆる「事なかれ主義」として指摘されることもある。このような保守的な自治体組織全体に広がる意識を改革し、目の前にある課題に対応できる組織づくりが求められているのだ。

(3) 公務領域の三類型

　人口減少時代に突入するなか、「新しい公共」が注目されているとおり公共部門の担い手論議とともに、国と地方の枠組みも大きく変わろうとしている。平成12 (2000) 年4月より施行された地方分権一括法では、機関委任事務制度が全面廃止された。自治体（職員）が担う事務は、地方自治

法第２条の９に定める法定受託事務[1]と同法第２条の８に定める自治事務[2]の２つに区分され、自治事務は拡大されるとともに自治体の裁量や条例制定の余地も拡大された。

　公務（public service）とは、法律で明確に位置づけられた法定受託事務と、自治体自らの裁量権が及ぶ自治事務に大別することができる。そして、自治体職員は地方公務員法第35条で「その勤務時間及び職務上の注意力のすべてをその職責遂行のために用い、当該地方公共団体がなすべき責を有する職務にのみ従事しなければならない」とされ、職務に専念する義務を負っているのだ。

　他方、「三割自治」と揶揄された地方自治に対し、地方分権改革では自治事務の拡大が企図された。たとえば、基本条例や基本計画のように都市づくりの理念や目標像を定めた施策では、独自性を発揮するためにも踏み込んだ公務が必要となる。つまり、基本的事項を定めたとしても具体的施策を展開するためには、独自性や固有性を発揮し、他の自治体と横並びではなく一定の差別化を図ることが求められる。つまり、従来までの決まりきった公務だけではなく、自治体独自の個性を発揮するための踏み込んだ公務が存在するのだ。このため、公共サービスやまちづくり分野における公務領域を、次の三類型に大別して考察したい。

　カテゴリー１が、最小限の公務（minimum public）（以下「最小限型」という）である。法定受託事務はすべてこの領域に含まれ、自治事務のなかでも条例等により「実施しなければならない」ものも含まれる。

　カテゴリー２が、追求型の公務（pursue public）（以下「追求型」という）である。この領域は、基本条例や基本計画などで示したビジョンや理念などの実現に向け、創意工夫により新たな事務事業を起こすものや、地域課題の根本的な解決を図るための仕掛けや仕組みを構築することなどがあげられる。別のいい方をすれば、「実施したほうが良い」事務であり、あえて実践しなくても不作為とはならないプラスアルファの領域である。

　カテゴリー３が、公務に貢献する個人活動（Individual activities that contribute to public service）（以下「個人活動型」という）である。この領域

は基本的には個人活動の領域であるが、基本条例や基本計画にいう理想像の実現に向けた公務に貢献する個人活動である。つまり、公共的な目的をもつ個人活動であり、公共的な効果が期待されている領域である。なお、「公務」とは、「おおやけの務め。国または公共団体の職務。公務員の職務。」を指すことが一般的であるが、個人活動型の公務とは「公共的活動やまちづくり全般に向けた活動等を含めて広義の「公務」として表現している。

図5-1に、自治体職員の公務領域の三類型をマトリックス化して示した。従来までの行政主導による枠組みが下側（保守）、住民主導や協働・連携による枠組みが上側（変革）を示し、これからのあるべき方向性に向け、上側の枠組みをめざしていくことを表現している。

図5-1　地方自治体職員の公務領域の三類型マトリックス

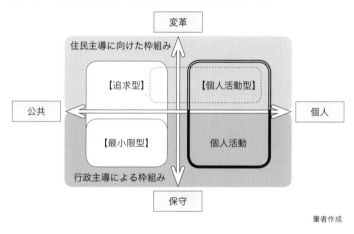

筆者作成

2. 公務領域の三類型の分析

(1) 公務領域の優先順位

最小限型の公務とは、自治体職員として最低限必要となる公務であり、もっとも基本的で一般的な公務である。特に、法定受託事務のすべてが対

象であり、また自治事務にでも条例や要綱などのルールに従い、職務上実施しなければならないものが該当する。主に行政手続きなどの窓口担当課ではこの公務が大半を占めているといえるだろう。自治体職員として、最小限の公務は確実にこなさなければならないものなのだ。だからといって、公務を最小化しているというものではなく、行政改革により職員数が減少する今日では、自治体職員の業務量が増加傾向にあり、人員不足が懸念されているというのも事実である。

　しかし、多様化する地域課題やまちづくりに対応するためには、最小限の公務だけでは現状維持のままで、問題解決に寄与することは困難であり、追求型の公務で一歩踏み込んだ領域にチャレンジしなければならないといえるだろう。

　また、個人活動型の公務は、あくまでも個人（プライベート）の領域のものであり、最小限型、追求型の公務の役割を果たしたうえでの存在であり、個人活動型だけを優先し本来的な公務を疎かにして良いというものではない。このように公務領域ごとに相互関係があり、最小限型の公務を前提としたうえで、追求型や個人活動型へと、公務領域を拡げていくことが望ましいといえるだろう。

　次に、追求型と個人活動型との関係性を考察すると、追求型の公務があってこそ、個人活動型の「活動の場」が存在する点があげられる。また、個人活動型の公務があることで、追求型の公務が効果的に進むという側面も存在している。つまり、追求型と個人活動型とは、相互発展的な関係性をもっているといえるだろう。

　こうした関係性をまとめると、追求型の公務を優先することが望ましく、公務領域を拡大する方向性は、行政改革の流れに相反するようであるが、公共サービスやまちづくり部門を、協働・連携や住民主導型へと誘導していくプロセスのなかで、理想的な役割分担を実現するためには必要不可欠なプロセスといえるのではないだろうか。最小限型の公務のまま、待ちの姿勢では何の変革も起こらないのである。

　他方、まちづくりの現場では、多様な職種をもった市民等が参画するこ

とになるが、大半の市民はボランティア活動である。個々の仕事に勤しみながら地域活動を展開しているのであり、協働・連携という対等な関係を構築するためには、追求型や個人活動型の公務に取り組まなければ、相手方を突き動かすことは困難といえるだろう。

(2) 自治体行政に差が出る追求型

　追求型の公務とは、特色ある都市戦略や地域づくりをめざし、自治体の個性を打ち出すためにはこの領域の公務が重要となる。最小限型の公務だけに固執し、追求型の公務を不要なものと捉えていては、まちづくりの進展にはつながらないだろう。

　地方自治体の事務事業を遂行するとき、総合計画などの上位計画がめざすまちづくりのビジョンを十分認識していれば、論理として最小限の壁を突破することもできる。しかし、地方自治体では地方分権や行政改革等の流れのなかで、自治体職員の人件費削減、つまり地方自治体の職員数や時間外勤務にも厳しい視線が投げかけられている。こうした影響もあり、最小限型の公務に留めようとする思考が働かざるを得ない状況が生じていることもあるだろう。こうしたなかで、いかに追求型の公務の必要性を共通理解できるかは、これからの自治体マネジメントに大きな影響を投げかけることになる。

　また、追求型の公務は属人性の課題をもっている。人事異動などの組織体制の転換に影響を受ける傾向があるのだ。筆者も、属人性の壁を乗り越える手立てを講じていたのだが、自治体の組織風土という大きな壁が立ち塞がり、悔しい想いをしたこともある。自治体職員個々の問題意識やモチベーション、得意とする分野、さらにはまちづくりに向けた価値観などに、大きな差異があることがその要因といえるだろう。属人性の課題をいかに乗り越えるかは、自治体組織のマネジメントの重大な課題であると認識すべきである。この壁を乗り越え、自治体として都市づくりの理念や目標の達成をめざし、自治体としての個性を磨いていくことが求められており、ここに自治体としての力量が問われる要点があるといえるだろう。

他方、自治体の総合計画等では美辞麗句がならび「絵に描いた餅」といわれるほど現実離れした計画となっていることが多く、最小限型の公務では実現することはできないであろう。しかし、計画を計画のままで放置して良いのだろうか。近年、市民参画手法を取り入れ、市民の想いを計画に盛り込む事例は全国的に増加している。想いのこもった計画であるならば、これを実現へと導くことが自治体職員として重要なミッションであるべきであろう。こうした意味でも、追求型の公務が必要とされることが明らかなのだ。

　いわゆる「スーパー公務員」たちは、こうした領域をバランスよくこなしながら、追求型や個人活動型を取入れ、地域活性化等の成果を導いているのだ。北海道の元小樽市役所職員の木村俊昭氏は、「部分最適化から全体の最適化を図ることの必要性」（木村俊昭、2011：25）を説き、地域活性化施策として「おたる職人展」や「キッズベンチャー塾」、「小樽ガラスのブランド化」等に取り組んでいる。そして、地域活性化伝道師として全国各地の地域活性化計画の策定や推進にあたっているのだ。また、石川県の元羽咋（はくい）市役所職員の高野誠鮮（じょうせん）氏は、神子原（みこはら）地区の限界集落対策や耕作放棄地対策に向け「山彦計画」を立案し、神子原米をローマ法王の御献上米へと導くなどの取り組みにより、地域資源である「神子原米」のブランド化に成功し、限界集落や耕作放棄地対策という地域課題に対応した。

　彼らが共通している点として、すべての公務領域のなかでも、最小限型の公務を着実に進めながら、追求型や個人活動型の公務を、市民や地域の成熟度などを的確に判断し、みごとに使いこなしている点である。そして、組織風土の壁をみごとに乗り越える手法を見出し、地域内外の人材やメディアなどを駆使し、市民をまちづくりの主役に導いている点が特筆すべき点といえるだろう。太田肇は『公務員革命』でこのように記している。

　───　全国的に知られている元気な自治体、先進的な自治体を訪ねてみると、たいていそこでは実質的なリーダーとでも言うべき人に出会う。その人物は、良い意味で「公務員らしさ」がない。まず、思考のスケールが違う。自分

の職務はもちろん、自治体の業務の枠さえ超えている。しかも考えるだけでなく、即座に自分の判断で行動する（太田肇、2011：85）

　このように「スーパー公務員」と呼ばれる自治体職員は、自治体の枠を超えた「まちづくり」の先導役を担い、それが「スーパー公務員」たるゆえんであろう。だからといって自治体職員のすべてが「スーパー公務員」をめざすべきというものではなく、自治体職員の個性に応じた追求型の公務のありかたを模索することこそが大切なのではないだろうか。

(3) 公私の共存領域にある個人活動型

　個人活動型の公務は、公務に貢献する個人活動という言葉のとおり、公私の共存領域にあり自治体職員固有の領域といえる。公務を職務とする自治体職員であるからこそ、あえて個人活動としての公務が存在するためだ。

　筆者の活動事例では、先述した街道百年 FC や A＋Plus（エイプラス）といったまちづくりグループなどの活動があり、これらは職務としての公務ではなく、個人的な活動である。筆者はこうした活動を「公務員的プロボノ活動」と呼んでいる。「公務員的プロボノ活動」とは、これからの住民自治や地域主権社会に向け、市民と自治体職員のめざすべき関係を構築するための社会貢献活動を指している。自治体職員ならではの専門性や情報などを活かし、市民等との協働・連携のコーディネートや、自らも実践活動に携わることで、結果として公務としてめざすべき目標像へと誘導する役割を担うのである。

　一方、個人活動であることから何に触発されて活動が動き出すのか。山崎は次のように記している。

　――― 課題先進国の住人である僕たちにとって、その課題がもっとも顕著に表出している地域社会について考えることは、もはや先送りできないテーマになっている。一人一人が、豊かな暮らしと、それが叶うまちのありかたを考えなければならない局面を迎えている。人の心が動き、自ら行動し、まちとかか

わるようになれば、少しずつ顔見知りが増え、信頼できる仲間が増え、街の公共空間が本当の意味で生活者のものとなる。それは結果的に、関わった本人を豊かにしていく（山崎亮、2012：197）

　つまり、賃金などの公務に対する対価だけではなく、まちづくりにかかわる必要性を自ら知り得た以上、率先してまちづくりにかかわっているのだ。しかし、賃金以外のかたちで得られるものもある。それは市民等からの感謝の言葉や、まちに向けた関心の高まり、共感者が増えるという充実感、あるいは自らがもつミッションに向けた自己実現など、多種多様な対価を獲得できているのだ。さらには、結果的に自らの公務にあっても協力的な市民等とのつながりを得られるだけでなく、個人への信頼感の高まりなどの好循環が生まれることになる。そして、何よりも人のつながりが増えていくことが大切な財産となるのだ。
　奥野と栗田は、「新しい公共」にとっての豊かさに関して次のように記している。

　―――　地域を支えることと活動への参加を通じた個人の満足度の向上が期待され、担い手たちが参加して取組むこと自体から満足感や充足感を感じている姿であり、所得だけが人間の満足や豊かさに関わるものではないということが実感される（奥野信宏・栗田卓也、2010：170）

　自治体職員にとってもこのような「新しい公共」と同様のことがいえるのではないだろうか。また、個人活動型の公務を通じて、市民等との協働・連携のまちづくりに取り組むことで、まちづくりにかかわる職員のモチベーションや公務に対する意識改革が生まれる。近年、インターンシップなどにより大学生が地域密着型で関与する事例が増えているが、自治体職員にとってもまちづくりの現場ではあらゆる行政課題が山積しており、これらを共に考え、行動し、課題解決に向けた取り組みを実践することは、非常に意義深いことである。まちづくり活動は職員研修として打ってつけ

の教育の「場」といえる。地域担当職員制度を導入する地方自治体もあり、地域というまちづくりの現場を通じて、自治体職員としてのスキルアップを図ることは有効である。

(4) 自治体組織内での対話

　自治体組織のなかでは、最小限型の公務から脱却できずに、追求型や個人活動型の公務に対して、二の足を踏む状況はよく見られる。しかし、それぞれの公務領域はあくまでも自治体のまちづくりを進めていくことを目的にしており、自治体職員同士で衝突するのではなく、議論や対話により解決していくことが望ましいといえるだろう。そしてこの対話の不成立が、まちづくりの阻害要因となることは、自治体職員として回避しなければならない最低限のモラルといえるだろう。なぜなら、まちづくりの進行を阻害された影響を受けるのは市民等であるためだ。それぞれの公務の立ち位置を相互理解する姿勢と、対話により問題解決にあたる姿勢が求められるのだ。

　それでは対話の不成立の原因とは何なのか。それぞれの公務における目標設定の乖離に要因があると考えられ、乖離が生じることで対等な対話が成立しないためではないだろうか。つまり、価値観の相違である。これはＪ．ラスキンの固有価値論の享受能力[3]と同義の関係にあり、自治体組織の文化として公務領域の享受能力の齟齬によるものと考えられる。個人活動型の活動を実践する自治体職員は、自らのミッションに誇りをもち、保守的な組織風土をもつ自治体組織に対し、いかに追求型へ、個人活動型へと理解を拡げていくことができるか、その姿勢が求められるのだ。

3. 行政の無謬性を乗り越えるために

(1) 組織マネジメントの変革を

　自治体組織にはコントロール型の官僚制度が根づいている。地方自治法にも規定されるとおり、二元代表制による首長（自治体）と議会があり、

自治体は首長を頂点とする縦割り型の組織を構築している。この自治体組織は責任や権限等によりコントロール型の組織として機能しているが、この縦割り（コントロール型）組織による弊害が指摘されて久しいが、地域課題や住民ニーズが多様化する今日、この縦割り型組織では対応できない事案が相次いでいる。自治体組織の中でなかなか動かない行政課題は、こうした縦割りの弊害から生まれ、組織横断的な課題への対応が遅れる傾向にあるといえる。

　高野は、幾度として失敗を重ねてきた限界集落対策に向け、従来までの手法からの転換として「後出しじゃんけん法」（高野誠鮮、2012：32）により、時機を逃さず機動的な対応を図る方法を生み出し、首長からその了承を取りつけた。その結果、ローマ法王に御献上米を送り、ローマ法王御用達として「神子原米」のブランド化に成功させたのだ。遅々として状況が改善されない地域課題を打破するためには、既存組織の仕組みが足かせとなっていることを再認識させる一例といえるだろう。

　また、長年の行政主導型に慣れ親しんだ自治体職員にとっては、組織の一員として公務の責任に縛られ、最小限型の公務に留まる傾向がある。責任から回避することを優先する、いわゆる「事なかれ主義」が蔓延しているのだ。右肩上がりの時代には、このような「事なかれ主義」であっても社会全体が経済成長をつづけるなかで、一定の税収が保たれ、大きな影響が生じることはなかった。しかし、人口減少時代ではこのような自治体は市民から見放される恐れさえある。自治体組織として社会環境の変化を認識し、問題意識をもって組織マネジメントの課題に向き合っていくことが求められるのだ。

　それでは自治体組織のマネジメントをいかにして変革できるのか。個々の職員の意識改革でこれらを成し遂げたとしても、たとえば自治体では人事異動という人と人のつながりをあえて切り離す（癒着防止）慣行がある。人事異動を前提とした組織マネジメントは、さまざまな職域のキャリアを積むことで自治体職員としてのマルチな能力開発に寄与する正の作用も働くが、人と人のつながりを分断するという負の作用が働くことを認識しな

ければならない。こうした側面も配慮した自治体マネジメントを変革していくことで、いかに自治体（職員）の役割が転換期にあるのかを共通理解しなければならないのだ。

　属人性の課題に関しては、さまざまな見方をすることができ、否定的に捉えると属人性に依拠せずに、誰が担当となっても安定的な職務の遂行をめざそうというものだ。組織マネジメントとしては理想的なかたちといえるだろう。しかしその一方で、まちづくりの現場では、属人性に依拠した信頼関係が重要視されているのだ。信頼関係なくしてまちづくり組織の運営や構築は困難であり、信頼関係は人事異動による職務の引継ぎが困難なものである。愛媛県内子町の景観まちづくりを展開した岡田[4]も、日本の人事異動制度に対して、「市民が新しい担当者と付き合わないといけないこと。この制度のもとではプロが育たないこと」を指摘している。

　「新しい公共」が成熟した段階では、自治体職員の属人性にはあまり依存しすぎないことが望ましいといえるだろう。しかし、「新しい公共」を育成する段階では、属人性を分断することで未成熟の「新しい公共」を破壊することが懸念され、まちづくりの継続性を阻害するのではないだろうか。まちづくりという中・長期的な継続性や専門性のある分野では、人と人のつながりを大切にし、まちづくりの方向性がぶれないための手立てが必要なのだ。たとえ人事異動があったとしても、補完的な手法として意欲のある自治体職員がオブザーバー的にまちづくりに参画できる仕組みづくりもあってしかるべきなのである。

　また、自治体組織には、「井の中の蛙」という言葉がふさわしいほど、小さな枠組みのなかに囚われた組織文化がある。これは排他的で保守的な組織風土として、新しい価値観の導入を恐れ、いわゆる「事なかれ主義」の温床ともいえるだろう。

　これらを打破するためにはどのような手法が考えられるのか。大きく3つの手法をあげてみると、第一の手法は、首長選挙などによるトップマネジメントとして組織風土を改変していく手法である。近年、注目を集める自治体では、改革派の首長により画期的な自治体運営へと改革する自治体

も増えてきており、自治体（職員）の役割が転機にあることの証左ともいえる。第二の手法は、人事交流などにより新しい風土を呼び寄せる手法である。従来までの保守的な価値観に囚われ硬直化した組織を改革するためには、まったく異なる価値観を取り入れることが近道である。首長の改選や人事交流など、他所者（ヨソモノ）による新しい価値観をもち込むことが、組織風土の変革には効果的なのである。そして第三の手法は、時間をかけてでもボトムアップ型で共感する自治体職員の輪を拡げていくという手法である。このとき問われるのが、自治体職員の享受能力であり、価値観の共有のための対話を重ねていくことが必要となる。つまり、自治体組織内において、人のつながりをつくるためのデザイン思考が必要である。

（2）不断の探求心と挑戦する意欲を

　自治体職員が執行する公共サービス（公務）の目的とは、「全体の奉仕者」として住民福祉の向上に取り組むことである。しかし、この「全体の奉仕者」という言葉は「公僕」とも呼ばれ、一部の納税意識が必要以上に強い市民からは、まるで「個の僕」のように誤解されることもある。また、自治体職員も苦情やクレーム等を過度に恐れ、各種の事務事業の執行において、無難な選択を優先する「事なかれ主義」に陥ることもあるだろう。特に管理職となると管理責任を恐れるあまり、公務領域を拡大させるような余計な追求型の公務を抑止しようとする傾向に陥ってしまうのだ。

　本来、自治体職員には自治体が抱える難解な課題に向き合うことが求められ、市民の福祉を最大化することを目的にしなければならない。たとえば予算化された事務事業の執行にあたり予算執行を目的にするのではなく、予算執行を通じて得られる事業効果の最大化を図ることが目的である。特に、自治事務では、唯一無二の正解があるわけではない。試行錯誤と改善を繰り返しながら、少しでも自治体のまちづくりが前進するよう不断の探求心と挑戦する意欲をもつことが求められているのだ。

　一方、従来までのコントロール型の縦割り組織では、行政の無謬性に縛られ事務事業に失敗してはいけないという組織文化がねづいている。管理

統制が先行するあまり、失敗しないことを優先し、本来的な地域課題に向き合うべき不断の探求心と挑戦する意欲をそぎ落とされていては本末転倒である。コントロール型の縦割り組織のなかで、個々の事務事業の目的達成が、住民福祉の向上につながるのかどうか、これを俯瞰的に見極める視座をもてるような自治体職員の意識改革が求められるのだ。

　また、不断の探求心と挑戦する意欲を起こすために前提となるのが、自治体職員の郷土愛である。市民等との協働・連携を進めるとき、わがまちへの愛着を人一倍大きくもつことが求められる。この郷土愛があってこそ自治体職員はプロ意識をもつことができるのだ。自治体ではさまざまな分野ごとの事務事業があり、これらを通じていかに自治体の個性を発揮できるかは、自治体職員のモチベーションに左右されることになる。予定調和的な無難な完成形をめざすよりも、むしろ全国の先進事例をめざすような気概や、わがまちに光が当たる施策を展開しようとする不断の探求心と挑戦する意欲が必要なのである。

　元来、まちづくりの現場では参画する市民たちは個々の仕事をもちながら活動している。ここに集う市民等と対等な関係で、自治体職員がまちづくりにかかわるためには、自治体職員として不断の探求心と挑戦する意欲をもち、郷土愛を通じたプロ意識をもたなければ気おくれすることになるだろう。追求型や個人活動型の公務という立ち位置で日々の業務に向き合い、また純粋な個人活動も含めて参画する意識をもつことは必然的な流れなのだ。

　地域では、草刈りや溝掃除などの清掃活動や、コミュニティを育むための運動会やお祭りなどさまざまな地域活動があるが、これらも広い意味では公共領域の活動であり、職域を超えた人のつながりである。また、商店街活性化や消防団などの防犯・防災の活動など、地域課題に対応するまちづくりは多岐にわたっている。こうした地域レベルの取り組みの積み重ねが、自治体全体の利益につながることはいうまでもないだろう。このとき、個人活動型の公務により、自治体職員が「公務員的プロボノ活動」を通じて地域活動に向き合うことができれば、市民と自治体との関係性は大きく

変わっていくだろう。

　国と地方の枠組みが変ろうしている今日、もっとも市民生活に身近な基礎自治体において、自治体職員が変わることで市民等との関係性を再構築することは、自治体マネジメントの重要な手がかりである。

（3）公と私のすみ分けを

　まちづくり活動やボランティア活動の現場は、当然ながら自治体職員だけでなく、職域、性別、年代等を問わず、さまざまな人材が集まり、あくまでも私（private）の時間を活用してさまざまな活動が進められている。こういう意味でも、自治体職員がまちづくり活動やボランティア活動に取り組むことは決して珍しいことではないのだ。

　椎川忍氏は、「地域に飛び出す公務員ネットワーク」を通じて公務員が地域社会に飛び出し住民とともにまちづくり活動やボランティア活動に取り組むことの必要性を呼びかけ、メーリングリストによる情報交換のプラットフォームを通じて、気概のある公務員のネットワーク化に取り組んでいる。このネットワーク化により、自治体という小さな組織の枠を超え、やる気や気概のある自治体職員を繋げることで相互発展的な意識改革の場を共有しているのである。この地域に飛び出す公務員ネットワークでは、個人活動型の公務に貢献するものだけでなく、まったくの個人的な活動も含めて「地域に飛び出す」ことを奨励しているのだ。

　このように「私」の領域とは、自治体職員としての公務とは一線を画する市民活動が基本であり、そのなかの一部として、自治体の課題と重複する個人活動型の領域が含まれているのだ。自治体職員にとっては公私の境界線が不明確な領域である。このため、公私混同を恐れ疑わしい活動に参加しないというのは、あまりにもネガティブな発想といえる。個々人が自身のなかにあえて公と私のすみ分けを明確にもち、説明責任を果たす心づもりさえしておけば良いのである。

　また、自治体職員の公務には、公平性や公正性が求められることからも、特定の地域に関与しつづけることに対する説明責任も求められる。このた

めにも、公と私のすみ分けを明確化し、個人活動型であることの認識さえしておけば、特定の地域に関与することの批判を受けたとしても、妥当性は説明できる。

（4）オモシロイと思えるか

　コントロール型組織の課題はもう1つある。自治体組織がまちづくり活動をコントロールすることにより、参画する市民等のモチベーションに悪影響を与えることが懸念されるのだ。自治体職員は自らの公務に関する説明責任を果たすため、職務をコントロールしなければならない。公共事業などのハード整備事業では、予算執行を管理監督して議会への説明責任を果たすための成果主義という宿命に縛られる。特に、国庫補助事業の場合は、会計検査院による実地検査に臨むにあたり厳しい説明責任が求められることから、特に厳しい進行管理が義務づけられる。

　一方、ソフトでのまちづくり活動はコントロールすることが困難な側面をもっている。むしろ、本来的にはまちづくり活動は実践者の発意で動くものであり、自治体がコントロールすべきものではないのだ。ここに自治体職員が陥る落とし穴があるのではないだろうか。予算措置等を通じて公金を投じる側面もあるが、ソフトなまちづくりでは、市民や事業者等の主体性を最大限尊重し、最低限のルールを担保するに留めるべきなのである。

　しかし、実態としてはこのコントロール意識がさまざまな弊害を生んでいる。予算主義や成果主義を重んじるばかりにまちづくりをコントロールすることで、まちづくりにかかわる主体の本来的な動機を阻害し、モチベーション低下を招いていることはないだろうか。まちづくりとは予算制度のように単年度という短い期間で成果が上がるものではなく、中・長期的な視座に立ち、継続的に取り組むことが必要な分野であることを十分に踏まえなければならないのだ。

　また、自治体職員が陥る傾向として、コントロールできないことは始めから実施すべきでないとする「事なかれ主義」的な思考が働くこともあげられる。つまり、説明責任を果たせないことを理由に、まちづくりの芽を

摘んでいるのだ。このようにコントロール意識が、まちづくりの本来的な目的を壊していては本末転倒である。いかにまちづくりの担い手が自由度とモチベーションを保てるかにこそ着目すべきである。そのためには、自治体をチェックする議会側も、こうした実情を共通理解し、自治体職員が行政の無謬性に囚われずに、チャレンジ精神をもつことができるような仕組みを構築することが求められるのではないだろうか。

　人口問題が深刻さを増すなかで、公共領域を行政だけで担いつづけることの限界は明らかである。多様化・複雑化する住民ニーズに対応するためには、協働・連携によるまちづくりを展開しなければならない。今後、ますます深刻さを増す超高齢化や少子化の時代に備え、補完性の原理に従った持続可能な社会を構築しなければならないのだ。

　一方、協働・連携型により公共領域やまちづくりにかかわっている人々は、その個々人がイキイキとしていることに気づく。最初は、かかわることに躊躇していた人も、また輪番でやむなくかかわった人であっても、新しい人と人のつながりやコミュニティが生まれることで、その個人にとっての新たなネットワークや居場所づくり、さらには生き甲斐のようなものを見つけることに繋がることは少なくないだろう。本来、まちづくりにかかわる主体は、きっかけはどうあれ自らの想いと重ね合わせて「オモシロイ」と思えば主体性をもつことに繋がるのは必然である。しかし、「オモシロイ」と思えない状況が生まれていては、まちにかかわることを止めてしまうだろう。行政のコントロール意識が働き、「やらされている」と感じたときにかかわる主体は霧散するのだ。「やらされている」のではなく、いかに「やりたいことをやる」かである。

　筆者も、自治体職場の内外を通じて、想いを共有する仲間が存在したことで、街道百年FCが立ち上がり、この成功体験をもとにA＋Plusの立ち上げなどさまざまなグループ化があってこそ、多様なまちづくり活動を実践することができた。まちづくりに向けた想いの共感から人と人のつながりを巻き起こし、ともに創造的なまちづくり活動を働きかけてきたのだ。結果的に「公務員的プロボノ活動」として、個人活動型の公務に取り組ん

だ帰結なのである。個人だけでは限界があることも人と人がつながることによって、実現性や可能性は大きく拡がり、ここにオモシロさを感じていたからこそ、プラスアルファの活動は実践できたのである。

注

1 平成12（2000）年4月の地方自治法改正により新しく定められたもので、法律や法令に基づき国、地方公共団体、その他公共団体から都道府県、市町村、特別区に委託された事務をさす。
2 地方公共団体が処理する事務のうち、法定受託事務以外のものをいう。
3 ラスキンは「栄養がある」とか「美味しい」とかいうパンの性質を財の固有価値と名づけた。そして、人間が生命力を高めるには、この固有価値を活用して自分の栄養にしたり楽しんだりする能力が発達する必要があると考えた。この能力を彼は固有価値の享受能力と呼び、固有価値と享受能力が、ともに生命の発達に貢献したとき、その財は「有効価値」をもつと主張した。（池上惇、1993年：89）
4 森まゆみ『反骨の公務員、町をみがく－内子町・岡田文淑の町並み、村並み保存－』亜紀書房、2014年初版、117頁。

第6章

人と人のつながりの価値

　本章では、まちづくり計画を計画段階から実践段階へとつなげていくための活動の場を考察するため、人と人のつながりの価値に着目して、いくつかの事例を評価・検証していきたい。人口減少社会におけるまちづくりでは、補完性の原理により協働・連携型や住民主導型のまちづくりを展開することになるが、このとき「新しい公共」をいかに育むことができるのかが、自治体マネジメントにおける要点となるためである。

　このため、外部人材と地域住民のつながりの事例や、地縁型コミュニティとテーマ型コミュニティのつながりの事例、そして自治体内部における職員のつながり事例を中心に、注目すべき事例を通じて考察を進めたい。

　他方、従来型の職員管理を進める自治体では、いまだに一定年数を経過するなかで人事異動サイクルを回すシステムが継続している。まちづくり分野での人材登用では、中・長期的な視座に立った人事システムを構築しなければ、人と人のつながりを分断し、まちづくりの進展を阻害することが懸念される。そうした意味でも、組織全体として人と人のつながりに価値意識をもつネットワーク・マネジメントのありかたを考察したい。

1. まちづくり活動の実践段階へ

(1) 住民参加型の意義

　従来までの総合計画や都市計画マスタープラン等は、「総花」と揶揄されるとおり、あらゆる行政課題に対応できるよう全国一律的な計画が多い傾向にあった。特に、総合計画では自治体の名称だけをすり替えたような計画が一般的であり、法や国の指導に基づき行政主導で策定したためである。こうした背景から、市民だけでなく職員でさえ、総合計画がどういうものなのかも、あまり共有されていないのが実態であった。

　しかし、近年のまちづくり計画の策定では、地域資源を再発見、再評価するため、ワークショップやタウンウォッチング（まち歩き）など、市民参加型の手法を取り入れながら進めることが一般化されている。協働や連携によるまちづくりに関心が高まるなか、策定プロセスを通じて市民やNPO等の非公共部門の担い手だけでなく、策定に携わる自治体職員も含め、まちづくりに向けた主体性を高める効果があるのだ。そして重要なのは、主体性を高めた市民等が、自らが策定に関与した計画の実現に向け、いかに継続的に関与することができるのか、またそのための「場」をいかに確保することができるかである。つまり、PDCAサイクルにおけるP（計画）の段階からステップアップした、まちづくり施策の実践段階としてのD（実行）における市民参画と協働の仕組みがなければならない。まちづくり計画が「絵に描いた餅」に終わるか、あるいは実践活動につながるかの分岐点といえる。

　筆者も、平成19（2007）年、第二次栗東市都市計画マスタープランの計画策定に向けたワークショップやタウンウォッチング等を通じて、課題解決のための方法や可能性を検討するなかで、まちづくりに向けた意欲や関心を高めた1人である。また、これらの計画策定に、ともにかかわった市民等もまちづくりの主体性や考え方が変化したのを肌で感じることができた。

　ワークショップの特徴として中野は、第一に「参加」として「受け身

型」から「参加型」へ転換すること、第二に「体験」として、こころとからだまるごとの学びを得ること、そして第三に「グループ」による相互作用（中野民夫、2001：132-143）を特徴としてあげている。まちづくり計画の策定時におけるワークショップも、「まちづくり」の「参加」による主体形成や、「体験」による問題意識の醸成、そして、グループ討議による地域課題の共有（シェア）や多種多様な考え方を相互に知ることで、まちづくりに向けた関心を高めることができる。そして何より最大の効果が、まちへの愛着を深めることである。従来までのまちづくりは公共領域の課題であり受け身な立場にあった市民らが、自らのまちの活動に関心をもつことで、誇りや愛着を深め、まちへの帰属意識が育まれるのである。

　まちづくり計画とは、地域課題を解決するためのまちづくり活動を実施するための計画である。当然ながら計画づくりが目的ではなく、実践して課題解決を図ることが、目的なのだ。第２章で紹介した岡、目川地区でのまちづくり計画の策定作業では、東海道という歴史的な資源を再評価するために、社会実験として「東海道ほっこりまつり」が発意された。そして、社会実験の実現に向け、東海道ほっこりまつり実行委員会が組織され、自治体との協働によるまちづくりイベントとして開催されたのだ。まちづくりの計画段階から実践活動へとスムーズに進んだのは、主体的な地域住民が、実行委員会を組織するという具体的な行動を起こしたことにほかならないといえるだろう。

（２）まちづくり活動の場

　まちづくり活動の実践段階では、１人でできることもあるが、複数名が集まらなければできないこともあり、まちづくり計画の実現に向けた組織づくりは、関心のある主体が集う「場」として有効である。

　山崎は、海士町総合振興計画の策定にあたり市民参加により進めることでまちづくりの担い手づくりを試みており、１人でできること、10人でできること、100人でできること、1,000人でできることに区分し、何でも行政に頼むのではなく、自分たちでできることは自分たちでやり、どうし

てもできないところだけを行政と協働するという姿勢を整理した（山崎亮、2011：124-142）。つまり、補完性の原理をわかりやすいかたちで整理したものである。

　多様化、複雑化する住民ニーズに適切に対応するためにも、公共の役割を再構築し従来までの行政が独占した公共領域を担う「新しい公共」の担い手づくりを進めることが求められるのだ。ハード的な空間としての「場」も必要であるが、むしろソフト的な「場」を創ることを優先すべきである。まちづくり組織は、まさにソフト的な「場」として「新しい公共」に成りうる人材の集う場といえるだろう。山崎は、コミュニティデザインを通じて、人と人のつながりを作ることで、モノをつくらないデザイナーとして注目されているが、コミュニティデザインにより人と人のつながりを生み出し、あるいは掘り起こし、まちづくり活動の場に引き込むことが大切なのである。特に、まちづくりに向けた関心の高まらない自治体や地域では、自治体が旗振り役となり危機感を惹起し、まちづくりを動かす気運を高め、まちづくり活動の場を創ることは、有効な方策といえるだろう。

(3)「新しい公共」が生まれる自治体とは

　今後の自治体マネジメントとして、いかにまちづくり組織を「新しい公共」として育んでいくことができるのかは重要な政策課題である。「新しい公共」とは、これまでの自治体により独占的に担われてきた「公共」を、市民・事業者・自治体の協働によって「公共」を実現するという考え方である。奥野・栗田は、「公共心を持って社会で必要とされるサービスを提供する活動や活動主体、また、それらの意義を評価する価値観」（奥野信宏・栗田卓也、2012：V）とし、活動主体だけでなく、価値観も含むものとしている。これを参考とし、本章では、「市民・事業者・地方自治体の協働・連携によって公共分野を担うための活動主体」を「新しい公共」として扱っていきたい。そして「新しい公共」が生まれる自治体のありかたを2つ取り上げたい。

まず1つ目が、自治体としての「確固たる姿勢」である。まちづくり組織として「新しい公共」を創出することは、ソフト的な取り組みであるがゆえに、短期的な成果を求めることは困難である。ハード整備である公共事業のように、公共投資すればその成果が自ずと現れるものではないのだ。人と人のつながりを創出して信頼関係を構築していくことは、中・長期的な取り組みを通じてはじめて生まれるものである。これを十分に理解し、いかにして継続していくことを担保するのか、自治体としての「確固たる姿勢」が必要である。

　ここでいう「確固たる姿勢」とは、自治体マネジメントとしてまちづくりのビジョンを堅持し、継続性をもって取り組むことを指している。拙速な結果を求めるのではなく中・長期的な視座にたって評価していくことが必要である。こうしたソフト事業は、予算的には少ない事業費ではあるが、自治体は予算主義に縛られることからも、単年度ごとの成果を求める傾向があるが、「新しい公共」を創出することの意義を十分理解することが求められるのだ。

　次に2つ目が、参画したくなる土壌の有無である。「新しい公共」を創出するためには、まずは市民参画と協働に向けた共通理解が前提となる。特に、公共部門には、従来型の行政主導型に慣れ親しみ、いまだに市民参画や協働に対する理解が浸透しきっていない側面がある。まちづくりに参画したくなる仕掛けや工夫がなされているのか、公共部門の姿勢を再点検することが必要だろう。前章で述べたオモシロイと思えるかも必要な要点といえる。

　特に、ボランティアを前提とした場合、参画する市民の意欲をかき立てるものの有無が問われる。たとえば、自治体が開催する説明会で、参加する市民の数が1つのバロメータと考えられる。説明会で扱う内容にもよるが、市民の関心が高ければ参加者数も必然的に高くなる。いかに市民の関心を高める工夫がなされているのか、参画したくなる仕掛けの有無が問われるのだ。

　また、市民等のモチベーション（意欲）を損なうような姿勢でいては

「新しい公共」は育たないだろう。たとえば、行政計画を策定する場合、市民側と自治体側とで意見が衝突することが起こりうる。自治体側には、他施策とのバランスや公費の抑制など公平、公正な視点がある一方、まちづくりの担い手である市民の側にも、ボランティア活動を起こすモチベーションの源泉が存在する。こうした相互の想いの接点をいかに調整し、すり合わせる妥協点を見出すことができるのかが要点となるだろう。

このほか、市民参画等を形式的に捉えるような自治体の場合、市民意向を尊重せずに自治体の原案を堅持する傾向に陥ってしまう。このような上辺だけの市民参画の場合、当然ながら市民の関心は低下する。市民参画と協働を惹起するためには、市民意見をできる限り反映しようとする自治体側の姿勢が問われるのだ。

従来、自治体は行政施策等をコントロールしようとする傾向があることは先述したとおりである。この自治体のコントロール（統制）が働きすぎると、市民参画や協働のモチベーション（意欲）を削いでしまうのだ。説明責任を果たすことも大切であるが、本来的なまちづくり主体を見失うことこそが避けなければならない状況といえるだろう。

2. まちづくり組織づくりのありかた

(1) 地域住民と外部人材とのつながり

まちづくり活動では、地域住民と外部人材が連携することで、従来までできなかったことが実現できたり、気づかなかった地域の良さに気づけたりすることがある。地域の内部と外部のつながりが発展したとき、まちづくりは大きく進展する可能性があるのだ。多様な主体が協働・連携する意義は大きいが、具体的にどのようなプロセスで連携関係を構築していくのかが要点となる。こうした視点から、外部人材と内部人材の協働・連携の先行的な事例として、第3章で紹介した観音寺景観まちづくり事例をもとに考察してみたい。

核家族化やライフスタイルの変化により地域コミュニティが崩壊しつつ

ある今日においても、観音寺集落は小さなコミュニティであるがゆえに、家族的という言葉がふさわしい強いコミュニティの結束力を保持している。そんななか地域住民は人口減少という潜在的課題に対応するためまちづくり活動に着手していた。地域コミュニティは、かつての日本社会には一般的に存在していたが、戦災復興や高度経済成長期などの社会経済環境の変化の過程で、都市部への人口移動が極端に進み、地域コミュニティは崩壊していったと考えられている。

観音寺集落内部の地域コミュニティに関して、集落住民は、田舎の煩わしさに対し「いいたいことも我慢して、先祖から引継いだ集落の守をしている」と消極的に捉えている。しかし、東日本大震災をはじめとする自然災害を通じて、地域コミュニティのつながりは再評価されつつあり、経済性や利便性に傾注し、無縁社会となった都市生活とは対照的な存在といえるであろう。観音寺集落で地域コミュニティが存続したのは、オコナイや山の神講といった地域文化の伝承、宗教的な習わし、そして農林業など、多様な場面で共存を図るために必要性に迫られたためであった。つまり、西村が指摘するとおり「都市化の波を受けながら、地域文化や自然との融合を無意識的に配慮してきた賜物」なのであろう。

他方、観音寺景観まちづくりにかかわった外部人材（ヨソモノ）からみた観音寺集落とは、街道百年FC（TEAM街道知部）のメンバーは、美しい集落景観や眺望景観に魅力を感じたことや、まちづくりに向けた想いが重なるなかで、観音寺集落でのまちづくり活動に参画しているのだ。この景観を切り口としつつ、地域住民の問題意識に向き合い、集落の人口問題、交通の問題、地域文化を守る大変さ、通学の苦労、老後の不安、農林業の問題では獣害対策から棚田の草刈まで、ありとあらゆる課題に向き合ってきたのだ。外部人材として自らのミッションを優先せず、地域住民の課題意識に寄り添う姿勢は、地域まちづくりにかかわるうえで基本的なマナーといえるが、ミッション意識が強い外部人材の場合、なかなか間接的なアプローチは難しいことでもある。

こうした活動を動機づけたものとは何なのか。きっかけは眺望景観の素

晴らしさや美しい集落への関心などであったが、景観を切り口としながら、多様な地域課題に向き合うことになったことを分析すると、おもに3つの要因が考えられる。第一に、地域住民たちのホスピタリティ、すなわち外部人材（ヨソモノ）を温かく迎え入れる包容力があったことである。第二に、地域課題を相互共有しながら、「学びの場」が醸成され、地域住民と外部人材が楽しみながら活動できたことである。そして第三に、外部人材がもつ自然豊かな眺望風景や穏やかな集落の雰囲気を守りたいという自己実現意識と、地域住民がもつ「集落の守」をするという目的意識が重なったことがあげられる。集落住民の絶対数が少ない一方で、地域住民が外部人材の活動を寛大に受け止め、自分たちの地域資源を最大限に活かすことが、「新しい公共」を構築する原動力になっているのだ。まさにテーマ型コミュニティと地縁型コミュニティが相互を尊重して結束した先行モデルといえる。

　観音寺景観まちづくり活動を3つのステップに分けると図6-1のとおりとなる。

図6-1　ネットワーク拡大モデル

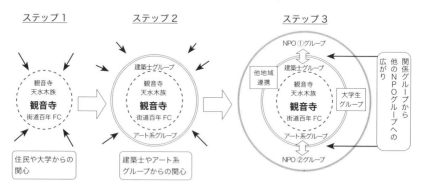

筆者作成

　ステップ1では、観音寺集落の地域住民と街道百年FCのメンバーの接点があり、百年審議会を開催した時期であった。この段階から、集落自体

の魅力に注目しながら集落内外のリーダーたちが動き出した共感の創生段階といえる。

　次のステップ２では「新たな公」事業を通じて小さな集落内だけの活動から地域外に目を向け都市住民との交流が始まる段階である。これを通じて観音寺の魅力にひかれ動き出す建築士グループやアート系グループとの連携関係へと拡がりをみせている。また、メンバーのネットワークをもとに、他地域の商工グループや、里山保全グループ、NPOなど多様なグループと、プロジェクトを通じた連携関係が拡大している。

　そしてステップ３では、14戸の数少ない地元住民だけでは実現し得ない観音寺里山学校という一大イベントを、ネットワーク化した人材の協力と共感を得ながら実践し、仲間の輪がさらに拡がっているのだ。このように雪ダルマ式にネットワーク化する人材の輪が拡がり、観音寺里山学校は完遂することができたのだ。これは計画的とまではいえないまでも小さな成功の積み重ねがあったための帰結である。

　観音寺地区は、地理的に自然と文化の境界部に位置する集落という特性があり、近代以降、日本固有の風景を壊してきた経済至上主義的な建築活動の影響を最小限に回避できたという地域特性をもっている。近年、ふるさと回帰的に田舎暮らしやグリーンツーリズムに関心が高まるなか、観音寺地区のような日本固有の風景や自然環境に、人々は心の豊かさや癒しに向けた価値を再評価する傾向があるといえるだろう。全国各地にある中山間地域では、農林業の担い手不足や集落人口の減少に歯止めが効かない状況にあるが、その一方で都市部では引き籠りや自殺者の増加など、利便性は高くとも精神的な充足感の枯渇に起因した社会問題は多様化・複雑化している。

　西村や山崎らが指摘するとおり、これらの都市と中山間地域の人々がつながることで双方の課題を解決する相互関係が成立する。このつながりを生み出すため、豊かな自然や地域資源という潜在的な魅力を活かすために、デザイン力やアート等によりいかに訴求力をもって、外部人材を受け入れていくことができるかが要点といえるだろう。

（2）地縁型コミュニティ×テーマ型コミュニティ

　観音寺地区のような中山間地域では地域まちづくりに取り組む人口自体の絶対数が少ないという傾向があったが、市街地におけるまちづくりでは多くの市民が暮らしていても、地域コミュニティのつながりは中山間地域に比べると希薄といえるだろう。こうした市街地でのまちづくり組織づくりでの特徴や傾向を分析してみたい。

　地域には、すでにさまざまな組織やグループが存在している。たとえば、自治会や町内会は、戦前の内務省訓令に基づき市町村が主導して整備してきたものである。同様に、PTAや老人クラブ、子ども会など、地域にはさまざまな組織が編成されてきたが、いずれも行政主導で進められてきたものである。一方、平成10（1998）年12月に施行された「特定非営利活動促進法」により、急速に増加している市民活動団体（NPO）等による取り組みは、ボランティア活動や個々人のミッションに基づいた活動であり、いわゆる行政主導により進められた組織とは一線を画するものである。西尾は、「自治会・町内会系統と、ボランティア・NPO系統のメンバーは、もともとまったく異なる特性をもつ人材であり、（中略）「水と油」のごとく溶け合わないことが多い」（西尾勝、2013：49）としている。この系統の違いを、本章では、自治会等を地縁型コミュニティ、目的ごとに組織されたNPO等をテーマ型コミュニティと分類し表記したい。

　ここでは第4章で紹介した安養寺景観まちづくりの安養寺地区の事例をもとに、地縁型とテーマ型のコミュニティの特徴をもとに、まちづくり組織の運営上の課題等を分析してみたい。

　地縁型の特徴であるが、平成22（2010）年から着手した安養寺景観まちづくりでは、アンケートの実施や検討委員会の設置、景観協議会の発足などの各段階では地元自治会長との話合いを重ねて進められ、一定の地域住民への合意形成を図られていた。しかし、都市計画手続きとしての地区計画手続きや、まちづくりガイドラインの策定、さらにはエリアマネジメント組織を設立するためには、地権者としての住民合意が必要となる。このとき、地縁型コミュニティは地域の代表制を担いつつもマクロ的な合意形

成にすぎない。すなわち、民法上の財産権等の制限が生じることから、地権者等のミクロ的な合意形成が必要となるのだ。これは商店街組織なども同様である。合意形成を図るときの性質が、マクロ的なものかミクロ的なものかの適切な判断を要することに配慮しなければならないのだ。

　次にテーマ型の特徴は、個々人の関心やモチベーションをもとにテーマ型コミュニティは組織されており、活動を実践する動機は多様である。安養寺協議会では、花と緑部会やA＋Plus部会がこれに該当し、参加者は楽しみながら活動できる安心感、互いに刺激を受けるとともに、学び合える向上心などを目的意識として参加していることがあげられる。目的意識というミッションで参加者が集い、地域に縛られることなく、自由度が高いことが特徴的である。テーマ型コミュニティはテーマごとに関心をもつメンバーが集まったコミュニティであることから、活動に向けた行動力やスピード感は計り知れないものがある。しかしその一方で、活動に向けたモチベーションの喪失は、活動の停滞や停止につながるという側面もある。つまり、テーマ型コミュニティの合意形成は、活動する個々人で築き上げていくものであり、賛同できない事象が生ずればメンバーは離散していくことになる。安養寺地区の事例でも、花と緑の部会やA＋Plus部会は、主体的な活動を個々人が率先して展開するなど、住民主導型のまちづくりの実現に向けた可能性を示している。

　しかし、地縁型コミュニティとの共通理解を得られずに活動を展開すれば、一部の個人的な活動として批判の対象に晒される恐れがある。なぜなら、テーマ型コミュニティは地縁に縛られないため、地縁型コミュニティの地域の代表性に責務をもたないためである。こうした関係性から特定の地域で活動するのであれば、テーマ型コミュニティは地域の代表性をもつ地縁型コミュニティへの説明責任を果たしながら信頼関係を構築していくことが望ましいといえる。加えて、地域の誰もが参入できる機会の公平性を担保することも必要といえるだろう。ただし、これらは二項対立の関係性にあるのではなく、それぞれのコミュニティは「このまちを少しでも良くしたい」という根底的な問題意識は同じである。対立関係にあるのでは

なく、地縁型とテーマ型のそれぞれのコミュニティが、良好な関係性構築に向け、対話の姿勢をもつことが必要である。西尾のいう「水と油」のような存在に必ずしも陥らないのだ。

　安養寺地区は都市計画上、商業系の用途地域が指定された中心市街地であるが、戸建住宅や共同住宅などの住居系の土地利用が進み、住商混在型のコミュニティという特徴があげられる。それゆえ、一見すると住宅地と商業施設が近く、市民と商業者のつながりが強くみえるが実態はそうではなかった。平成22（2010）年に実施した住民意向アンケート調査や、平成24（2012）年の「堂々りっとう×いちょうまつり」での商業者からのヒアリングで、一部の強いつながりは存在しつつも固定客としての地域住民の少なさに問題意識をもっていたのだ。繰り返しになるが、安養寺地区は人口増加傾向がつづく地域にあり、定住人口は増加している。しかし、定住人口が増加しても中心市街地の活性化に繋がっていないのである。現状の消費マインドは、郊外のワンストップ型大規模商業施設に偏っており、身近な商業者に向けては無関心な状況にあるのだ。

　こうした状況からも、安養寺地区の景観まちづくりがめざす地域再生の前提として、少子化・高齢化社会が深刻化した段階において、地域に根差した商業者の存在意義を再評価しなければならないのではないだろうか。コンパクトシティがめざすまちの機能とは、歩いて暮らせる範囲内に都市的機能が集積することである。真の暮らし良さを支える安全や安心は、日々のつながりのなかから育まれるものである。これは全国各地の地方自治体も同様であるが、住商混在型のコミュニティであることの優位性を再評価し、近い将来、確実に訪れる人口減少期に、混乱せずに対処できるコミュニティを構築することが必要なのである。

　なお、この中心市街地の地域再生にあたっては、トマス・ジーバーツが指摘するとおり、中心市街地がいままで以上に活性化するという過度な期待はもつことはできないだろう。むしろ、地域固有の資源を活かした内発的なまちづくり思考により、地域にふさわしい活性化のありかたを模索し、テーマ型コミュニティが楽しい暮らしを演出するなど、山崎が提唱する

「活動人口」の増加に向けた目標設定がふさわしいのではないだろうか。

　安養寺地区のまちづくりは、さまざまな課題をもちつつも継続的に進められている。住民主導型のまちづくりといえるエリアマネジメント組織を立ち上げるという大きな目標は実現していないものの、まちづくり計画の議論からはじまった各種プロジェクトの実現に向け、他の地域にはみられないほど部会活動は積極的に展開されているのだ。これらの活動を通じて、「この地域を少しでも住み良いまちに、愛着のあるまちにしていこう」という共感が、まちづくり活動にかかわるメンバーの根底にあるのではないだろうか。繰り返しになるが、市街地には多くの人材が潜在しており、これらの人と人がつながることで、まちづくり活動は活性化するのである。

（3）自治体職員のつながりをつくる

　東海道ほっこりまつりや観音寺、安養寺などのまちづくり活動を通じて、筆者もまちづくりの現場に多くの学びを得たとともに、まちづくり組織をつくることの意義を感じていた。また、各種プロジェクトやまちづくりイベントでは、職場の同僚や先輩に協力を求めることも度々あった。参画した自治体職員は、筆者と同様にまちづくりの現場から、何らかの発見や感動などを得ていたのではないだろうか。

　その一方で、自治体組織の内部では組織横断的な連携の課題があり、筆者のまちづくり活動も、組織の縦割り思考による弊害に直面し、議論にいたることは少なくなかった。こうした弊害と衝突するたび、組織横断的な体制づくりの必要性を訴えかけ、職員提案を提出したこともあった。市には組織横断的な課題に対応するため、「プロジェクトチームの設置及び運営に関する規程」があるが、まちづくりの現場では、組織横断的な課題が存在し、そのたびにプロジェクトチームを編成することは現実的とはいえないと考えていたのだ。しかし、残念ながら実現することはなかった。

　こうした状況を再考すると、筆者自身も「誰かが組織を改革してくれる」という、他人任せ的な思考があったのかもしれない。また、平成24（2012）年に開催したコミュニティデザイン講座を通じて実感したのが、

組織（職務）として設置しなくても趣味的なサークルとしてグループ化することであった。つまり、自治体職場内にも、趣味的なサークルや同期などのコミュニティがあり、こうした人（職員）のつながりをデザインすることで、まちづくりの現場での学びや経験、自治体職員同士の自己研鑽につながるとの考えから、数名の職員と協力し合い（仮称）職員まちづくり研究会の立ち上げを呼びかけたのだ。

　立ち上げにあたっては、街道百年FCやA＋Plus等を通じたまちづくり活動に関心をもつ職員を中心に呼びかけた。そして、筆者が講師役となり、組織横断的な体制づくりの必要性、自治体職員としてのプロ意識、まちづくり活動の醍醐味などを話題提供したのだ。また、たんに自己研鑽に励むだけではなく、市が抱える具体的な課題も、自分たちなりの解決策を模索するため、ワークショップ形式での意見交換を行い、問題解決のあるべき方向性を議論したこともある。このグループ討議を通じて、参加メンバーの主体性を喚起したのであるが、グループワークは盛り上がり、職員個々のまちづくりに向けた問題意識を出し合いながら、これからのグループ活動の方向性を整理した。その結果、第一に、職員相互の学び合いを通じて自分たちの仕事を知り、まちづくりに活かす。第二に、参加メンバー共同で職員提案を議論しまちづくり提案をめざす。そして第三に、自ら地域に出向き行動を通じて心意気のある職員もいることをみせる。この3つの基本的な活動方針を決定したのだ。またグループ名も、「自分たちが栗東市をつくっていこう」という想いを込めて「くりつく」と名づけられた。

　「くりつく」の組織編成は、市職員であることを前提に、趣味的な活動時間（職務時間外）における自主研究グループとして活動すること、口コミにより仲間を増やしていくこと、そして、3つの基本的な活動方針の実現に向けて取り組んでいくことになった（図6-2）。特に、趣味的な活動ということもあり、会議終了後には食事会などを設定するなど、楽しみながら進めることを確認し合った。また、さまざまな分野の職員が集まることで、1つの事象に向けた多様な考え方を知る機会となり、職員同士のつながりが生まれるなど、非常に効果的なグループが立ち上がったといえる。

おもな活動・プロジェクトの展開は、平成24 (2012) ～ 25 (2013) 年度、各回の講師役をメンバーが輪番で担当しながら、相互の職務の共通理解に向け知識の共有化を図った。また、それぞれの所属の立場からの視点で意見交換をおこない、俯瞰的な視点で行政課題を知

図6-2　くりつくイメージポスター

くりつくメンバー作成

ることができたとともに、多くの知見が集まることで新しい課題解決に向けた糸口の発見につながっている。輪番で講師役を担うことで、職員同士の楽しい雰囲気のなかでプレゼン能力を磨く機会にもなっている。あくまでも個人的な活動ではあるが、職員同士の人と人のつながりは、本来の公務における信頼関係づくりとなっており、業務遂行にも貢献しているのだ。

「くりつく」は開かれた組織運営を基本とし、入退出自由な雰囲気を大切にしている。また、職員が対象であることからも庁内LANにより情報共有が可能であり、組織運営に負荷が掛からず、会員拡大は各メンバーの口コミによるものだ。しかし、実態は参加する職員が固定化されつつあることが課題となっている。ボランティアによりまちづくりを話し合うということでは、職員の趣味的な感覚を刺激することにつながらないのかもしれない。

また活動方針の１つである「職員提案」に関しては実現にいたっておらず、今後は討議を重ねながら市の施策に貢献できるような職員提案を提出していくことが課題であり目標である。加えて、こうした職員有志の集まりは全国各地でみられる。「自治体職員有志の会」や「東北オフサイトミーティング」、滋賀県を中心とした「チョウチョの会」などである。こうした先進的な職員有志のグループと連携して、さらに学びの輪を広げるこ

とも必要である。つまり、栗東市という小さな自治体のエリアに留まらずに、住民自治の実現に向けて先進的に取り組む他の自治体職員との交流の意義は大きいと考えられる。

なお、平成29（2017）年現在、「くりつく」としての活動は、停滞している状況にあるが、この活動を通じて育んだ人材ネットワークは健在であり、また、メンバーは高いモチベーションをもって個々の立ち位置からのまちづくり活動に取り組んでいる。

3. ネットワーク・マネジメント

筆者がいうネットワーク・マネジメントとは、人と人のつながりに価値意識をもち、個々の主体がもつ能力の最大化を図るためのマネジメントである。地域まちづくりの現場では、さまざまなコミュニティが存在するとともに、抱える課題や問題意識もさまざまであるため、これらをいかにネットワークすることができるのかに注目しているのだ。また、自治体組織内においても、人と人のつながりに着目した自治体マネジメントとしてのネットワーク・マネジメントが存在しており、これらを中心に考察したい。

まちづくり活動の実践段階に向けては、まちづくり組織の必要性が高く、こうした人材ネットワークを育成していくためには、中・長期的な視座に立ち、継続的に関与していくことが必要である。このとき、特に大切にしなければならないのが、人と人のつながりであり、これを正しく評価し、ここに価値意識をもつことが自治体組織マネジメントとして必要である。

地方自治体が、住民ニーズの多様化や複雑化に適切にまちづくりとして対応するとき、首長がまちづくり分野の専門的な知識を、基礎的素養として習得していることがもっとも望ましいといえ、協働・連携や市民参画に向けたビジョンをもつことが重要である。しかし、多様で複雑な課題に向き合っていくためには、首長のリーダーシップや資質だけに委ねるのは困難であり、自治体組織として人材の力を結集する体制が必要となる。シンクタンク機能を組織体制に組み込む自治体もあるが、組織マネジメントと

して、体制を構築することが求められるのである。

　特に、まちづくり分野では、専門的な知識とともに多様な行政課題を組織横断的に分析する能力、それぞれの課題解決に向けた人材ネットワークの構築も必要となる。これらを個々人の能力だけで担保することはきわめて困難である。このため、まちづくり分野の専門家を登用するか、ネットワーク型組織を構築するコーディネート能力のある人材を配置するなど、いずれかの仕組みを構築することが望ましいといえる。

　このためにも、国や都道府県等との人事交流による人材育成・組織活性化を進めるとともに、社会人大学院生や民間企業への派遣研修も含め、地方自治体のマネジメントとして人材を育成していかなければならない。また、地方自治体がまちづくり分野の特殊性を認識するとともに、議会も同様にその特殊性を共有することが求められる。そのためにも、人事システムに関する方針を定め、議会にも説明責任を果たしながら、まちづくり分野の職員は中・長期的な任用を認めることが望ましいのではないだろうか。

終章

1. まちを楽しむための仕掛け

　本書では、人口減少社会において地方自治体に求められる役割を見直し、まちづくり主体の転換を図り、内発的なまちづくりを重視するという基本姿勢に立ち、まちづくりを考察してきた。そのためには、あらゆる主体（ステークホルダー）とのあいだで、協働・連携していくことの大切さを共有し、対等の立場でWin–Winの関係を構築することが望まれる。このとき、新たな公共部門の役割としての地方自治体（職員）に何が求められるのか。

　筆者は、従来まで「公」が中心となり地方自治体におけるハード中心のまちづくりを進めてきたという歴史的経過があるなかで、地方自治体は「見事な撤退」を進めなければならないと考えている。つまり、まちづくりの主導役から、徐々にではあるが主導的な役割を、市民等や「新しい公共」に委ねていかなければならないのだ。行政は裏方に徹するべきとする多くの専門家が指摘するとおりであるが、即座に裏方に回っても何も始まらないのだ。自治体は、まちづくりの主導役をバトンタッチするため、バトンの受け手である市民等や「新しい公共」の主体性を掘り起こし、活躍できる環境をつくっていくことが必要なのである。

　市民参画と協働のまちづくりが重視される今日、地方自治体では担当課

を置き、市民活動の支援に向けた各種施策を進めている。しかし、いまだに行政主導的な役割が変わらないのであれば、もう一歩踏み込んだ施策を打ち出さなければならないのだ。追求型や個人活動型の公務のように、従来までの公務の枠に囚われることなく、さまざまな角度から、まちにかかわる楽しさや大切さを伝えつづけ、まちづくりへの参画を呼び掛けていかなければならないのだ。

　まちづくりに多様な主体が参画するためには、まちづくりにかかわる楽しさや個々人の関心にマッチしていなければ、まちづくりへの参画は始まらないし、つづかないだろう。まちづくりにかかわる仲間たちは、個々人の関心（ミッション）をモチベーションの源泉としているが、当然ながら個々人のミッションは多種多様である。マズローの欲求階層説では、生理的欲求、安全・安定性欲求、社会的欲求、自尊欲求、そして自己実現欲求の5つの欲求を、緊急度の順に階層としてもつとされ、低次の欲求の満足化が終わってはじめて、より高次の欲求の満足化の行動が始まるとされる。この欲求階層説はピラミッド型に構成され、最高位に位置づけられる自己実現欲求をもつ市民は、まさにプライスレスな価値観にたち、自らの関心に従ったまちづくりを楽しみながら展開するだろう。一方、自尊欲求や社会欲求をもつ市民であれば、個々人がもつ欲求を満たすものであれば、まちづくりに共感し参画が進んでいくと考えられる。つまり、個々人の関心に沿ったまちづくりが展開できているのか、ここにまちづくりの担い手を掘り起こすための要点があるのだ。

　主導役をバトンタッチするためには、市民が望むまちの方向性を共有していかなければならない。自治体の都合の良いようにはなかなか進まないのはそのためともいえるだろう。まちづくりを行政主導で進めていては、市民参画や協働に響く市民は限定的にならざるを得ないのだ。

　行政主導型に慣れ親しんだ市民をまちづくりに巻き込んでいくためには、そのきっかけを掴むことも大切である。また、人員や事業費が少なくても実践できるまちづくり活動も存在するが、全国的に情報発信するための企画やプロジェクトの場合、国や財団等の助成金や顕彰制度の果たす役割は

少なくない。筆者も、こうした助成金や顕彰制度を活用して、まちづくりの気運を高めるきっかけとして活用してきた。

その一方、補助金や助成金には条件や制約が加わることで、かえって事業の足かせとなる側面もある。鹿児島県鹿屋市柳谷集落の豊重氏は、補助金に頼らないまちづくりを提唱しているとおり、補助金などの外部資本に依存しないことが望ましいのも事実である。魔のサンセット方式と呼ばれるように、国や自治体による補助金や助成制度は、一定期間を区切りとして終了することになり、補助金などの支援の終結がまちづくりの停止につながってしまうためだ。

しかし、何らかのまちづくり活動を展開するためには、一定の資金を確保することも必要であり、まちづくりの創成段階として活用することは否定できないのではないだろうか。このとき、助成金などに過度に依存しない主体性をもつことを肝に銘じ、あくまでもまちづくりの初動期のための一時的な資金として活用していくことが望ましいといえるだろう。

また、まちづくりのきっかけを創るのは資金面の問題だけではない。大切なのは、受動的な立場にいる市民等が活動するきっかけを創るため、いかにまちづくりに巻き込んでいくかが要点となるのだ。そのためには個々人のアプローチの仕方もあるだろうが、筆者の場合は熱意をもって向き合ってきた。方法論は個々人の工夫次第であるが、あらゆる手法により市民等を巻き込んでいくことが大切なのである。

2. まちを楽しくするための能力

従来まで自治体職員に求められてきた能力開発とは、職務専念義務や職務命令への服務義務などを前提に、責任感や使命感、事務処理能力、コミュニケーション能力などがあげられるだろう。筆者は、これらとは別に自治体職員がまちを楽しくするため、次の4つの能力を重視すべきと考えている。

第1に高いモチベーションがあげられる。これからの困難な課題にも果

敢に向き合っていく気持ちの部分である。わがまちへの想いを強くもち、他者のモチベーションと共鳴できるものを自らももち、さまざまな課題を乗り越えていくだけの高いモチベーションが必要なのである。

　第2がコーディネート力である。協働・連携型のまちづくりを進めるためには、多様な意見や利害関係を調整していかなければならず、最良の選択肢へと導く能力が求められるためだ。主体間のコーディネート次第で、それぞれのミッションや関心に触れ、個々がもつ能力を最大化することにつながるためだ

　第3がヒアリング力やプレゼンテーション力である。他者の話をしっかりと聴き、自らの想いを語る力も必要だといえるだろう。他者の心の奥底にある想いをいかに引き出していけるのか、そして、自らの想いを相手方にしっかりと届く表現で伝えていけるのかも大切なのである。

　第4がデザイン力である。人と人のつながりに価値意識をもつネットワーク・マネジメントとしてのデザイン力も必要であり、他者へと自らの想いを効果的に伝えるためのデザイン力も必要といえるだろう。既存の仕組みや問題点を探り、柔軟な思考でこれらにアプローチすることで、根源にある課題に向き合うことができる。これらを含めて、デザイン力やセンスを磨くことも重要である。

　ただし、これらの能力をすべて揃えなければならないのではない。むしろ、個々の得意分野を活かした自分らしいスタイルをみつけることのほうが大切なのである。すべてを自分1人で抱え込む「自己完結型」にこだわるのも良いが、想いを同じくする仲間の力を借りながら「巻き込み型」で向き合っていくことを優先すべきであろう。個人の力量には限界があり、仲間の力を借りるほうができる範囲は広がるのだ。特に目立った能力のない筆者は、明らかな「巻き込み型」で仲間の協力を得ながらさまざまなプロジェクトに挑戦し、新しい世界が広がることを体感してきた。そしてこれからも、仲間の力を頼りながら想いが重なるプロジェクトに巻き込んでいくだろう。

3. 残された課題 －住まう景観まちづくりの課題と展望－

　筆者がかかわってきた東海道ほっこりまつりや、観音寺、安養寺などでの景観まちづくりは、まだまだ解決すべき課題が山積している。景観を切り口としたまちづくりとはいうものの、人口減少、農林業の担い手、交通弱者や高齢化、地域文化の継承など、多岐にわたる諸課題に対応するために取り組んできたためでもある。人が住みつづける場所には一通りの社会問題が存在するのだ。これらの諸課題は、互いに重なり合い一筋縄では解決できないものばかりである。これを逆説的に捉えると、どのような課題であっても、特定の切り口から解決にアプローチすることで、あらゆる課題に対応していくことにつながるのだ。そういう意味でも、景観というアプローチは横断的なまちづくりの起点としてふさわしい切り口であるといえるだろう。

　他方、住まう景観まちづくりは、経済性や効率性の視点から市民等が景観そのものへの関心が高まらないという課題も存在しているのだ。個人財産に対する規制や制限を課すことに対して、経済的な合理性を共有できないことがその要因だといえるだろう。

　しかし筆者は、この住まう景観まちづくりの必要性に強い関心をもっている。住まう景観まちづくりとは、人々は自然豊かな美しい景色や落ち着きのある集落などの風景に心の安らぎや癒しを感じ、利便性や経済性だけではなく、むしろ文化性、地域性、郷土愛に価値を見出そうとするものである。しかし、経済性を優先する価値意識から、住まう景観まちづくりに関心が集まらないのが実態である。

　観音寺集落では、自然や集落景観を魅力として定住促進をめざして取り組みを進めてきたが、地域住民の問題意識やホスピタリティ溢れる対応を背景に、外部人材（ヨソモノ）を受け入れ、「新しい公共」としてまちづくりに取り組んできた。彼らが共通してもつ関心とは、観音寺集落に向けた「郷土愛」であり、まちづくりに向けた情熱である。ここで再評価されるべきものが、経済性や利便性を超えて、快適性や文化性あるいは家族的コ

ミュニティといった共助関係による安心感や安全性を重視する時代が訪れることだ。井上は、文化的景観の無形の要素として「地域コミュニティや、伝統産業のネットワーク、地域外の人々や旅行者等との交流、地域が影響を受ける社会的あるいは経済的な枠組み等」（井上典子、2012：149）をあげている。あえてこれにつけ加えるならば、この地にかかわりをもとうとするモチベーションの起点として「郷土愛」と「情熱」が加わるのではないだろうか。

　古き良き日本固有の風景は、自然豊かな暮らしや地域文化で構成され、これらともっとも自然なかたちで馴染む建築物や石垣、板塀、土蔵などは、長い年月を重ねることで風格を身にまとい、それらが一体として文化的価値を醸し出してきた。これらは伝統的な自然素材を活用した建築工法により作り上げられたものであり、近年、注目される低炭素型や循環型といった社会のありかたそのものである。本来の日本固有の建築文化は、わが国の気候風土に適した木造建築を基本とし、日本人に脈々と引継がれたDNAを通じて潜在する感覚により、これらに懐かしさや心の安らぎを覚えるのは必然なのかもしれない。こうした文化的景観をもつ中山間地域は、人口減少問題を抱えているが、その突破口として住まう景観まちづくりが重要になると考えられる。人々から愛される風景や景観は、郷土愛を共有することで、経済性や利便性といった概念を乗り越えていけるのではないだろうか。

　郷土愛を醸しだす地域固有の暮らしや文化の保全・継承は、自然災害と寄り添い、自然との共生が宿命づけられたわが国にとって、家族的なコミュニティを再評価することで実現するものである。住まう景観まちづくりを通じて、安全・安心で快適な人間らしいライフスタイルを、自然との共生のなかで再構築していくことが求められているのだ。行き過ぎた個人社会による弊害により発生する社会問題も少なくない。改めて、人と人のつながりにより、郷土愛や家族愛に包まれて暮らしを楽しむことも見直されてきているのではないだろうか。

　しかしその一方で、限界集落などでは空き家問題が深刻化し、日本の伝

統的な建築物が失われつつあるのが実態である。現代日本の社会が求めるものは、こうした中山間地域にこそ息づいており、利便性や快適性のみを追求した近代以降の経済至上主義的な価値概念を乗り越える可能性があるのではないだろうか。

あとがき

　本書のタイトルにもあるとおり、まちづくりに取り組む自治体職員の仕事は「まちを楽しくする仕事」である。まちを楽しくするためには、自分自身も楽しくなければならない。少子化・高齢化による人口減少という時代は、ややもするとネガティブに捉えられ、先が見通せない暗がりに陥っていくようでもある。しかし、こうした転機にこそ新しい何かが始まるというポジティブな思考をもつことが大切なのではないだろうか。地方自治体にとって、これからの厳しい時代を乗り越えていくための特効薬はなく、地道に市民から愛されるまちづくりを進めていくことで、まちが楽しくなる。

　筆者が向き合うまちづくりは、まだまだ始まったばかりであり、拙著の執筆は1つのマイルストーンに過ぎない。まちづくりの現場で向き合うべき課題は、自分1人の力で何とかなるものなど1つもなく、多くの仲間たちとともに巻き込み型で取り組んでいくことになるだろう。かつて「無茶ブリ事務局長」というニックネームを拝命したこともあるが、これからも仲間たちに無理難題を頼みながら、一つひとつのまちづくりの課題に向き合い、まちづくりを楽しんでいきたいと考えている。

　本書の出版にあたり、まちづくりの現場へ学術の世界へと導いてくれた恩師織田直文先生がすでに他界され、本書の出版を報告できなくなったことが残念でならない。しかし、筆者以上に情熱的な恩師からの最後の導きが博士論文の書籍化であったこともあり、ご遺志に応えるためにも出版を決意したのである。そして、恩師と同年という誼もあり、人生初の出版に戸惑う筆者を、あたたかく親身になってご指導いただいた仙道社長に感謝したい。また、まちづくり活動を通じて出会うことができ、多くの刺激を与えてくれた仲間たち、筆者の「ややこしい」意見に耳を傾け、筆者の想いを大切にしてくれた職場の上司や仲間たち、さらには、未熟な筆者たち

の想いに耳を貸すだけでなく、さまざまなプロジェクトに共に向き合ってくれた地域住民の方々に感謝申し上げたい。そして最後に、どこに向かっているのかわからない筆者の活動を陰ながら支え、応援してくれた家族にも感謝の言葉を述べたい。

2018年2月

竹山 和弘

参考文献

五十嵐敬喜・小川明雄『公共事業をどうするか』岩波書店、1997年初版
五十嵐敬喜・小川明雄『都市計画　利権の構図を超えて』岩波書店、1993年初版
五十嵐敬喜・小川明雄『市民版　行政改革』岩波書店、1999年初版
池上惇『文化経済学のすすめ』丸善、1993年初版
池上惇・小暮宣雄・大和滋編『現代のまちづくり　地域固有の創造的環境を』丸善、2000年初版
稲継裕昭・髙橋清泰・日本都市センター研究室　宮田昌一『地域公務員になろう－今日からあなたも地域デビュー－』ぎょうせい、2012年初版
今井一『住民投票－観客民主主義を超えて－』岩波書店、2000年初版
上山信一『自治体改革の突破口－生き残るための処方箋－』日経BP社、2009年初版
遠藤薫編著『大震災後の社会学』講談社、2011年12月初版
太田肇『公務員革命－彼らの〈やる気〉が地域社会を変える』筑摩書房、2011年初版
奥野信宏・栗田卓也『新しい公共を担う人びと』岩波書店、2010年第2刷
奥野信宏・栗田卓也『都市に生きる新しい公共』岩波書店、2012年初版
織田直文『臨地まちづくり学』サンライズ出版、2005年初版
川口和英『公共事業－これで納得！必要と無駄の境界線－』ぎょうせい、2009年初版
川瀬光義『幻想の自治体財政改革』日本経済評論社、2007年初版
木村俊昭『「できない」を「できる！」に変える』実務教育出版、2010年初版
木村俊昭『自分たちの力でできる「まちおこし」』実務教育出版、2011年初版
北川正恭『マニフェスト革命―自立した地方政府をつくるために』ぎょうせい、2006年初版
木下勇『ワークショップ　住民主体のまちづくりへの方法論』学芸出版社、2007年初版
後藤和子編著『文化政策学　法・経済・マネジメント』有斐閣、2001年初版
後藤春彦『景観まちづくり論』学芸出版社、2007年初版
小林重敬編『エリアマネジメント－地区組織による計画と管理運営』学芸出版社、2005年初版
小森治夫『日本型地域開発』文理閣、1997年初版
小森治夫『地域開発政策における公共事業の財政問題－土木・建設産業と地方財政制度を中心として－』高菅出版、2005年初版
小森治夫『府県制と道州制』高菅出版、2007年初版
坂下昭宣「経営学への招待」白桃書房、2007年第3版
椎川忍『地域に飛び出す公務員ハンドブック』今井書店、2012年初版
榛村純一『随所の時代の生涯学習』清文社、1991年初版
世古一穂『市民参加のデザイン－市民・行政・企業・NPOの協働の時代－』ぎょうせい、1999年第4刷
世古一穂『協働のデザイン－パートナーシップを拓く仕組みづくり、人づくり』学芸出版社、2001年初版
髙田昇『フリースタイル・ガーデニング－植物の力を引き出す5つの発想－』創元社、2011年初版
髙野誠鮮『ローマ法王に米を食べさせた男』講談社、2012年初版
竹山和弘「住民主導型まちづくりの実現に向けた諸課題の研究－滋賀県栗東市安養寺地区の事例研究－」『京都橘大学大学院文化政策学研究科研究論集』第7号、2013年
竹山和弘「「住まう」景観まちづくりの可能性に関する研究」『自治体学』27-1、2013年

竹山和弘「公務領域の三類型から考察する自治体（職員）の役割に関する研究」『京都橘大学大学院文化政策学研究科研究論集』第8号、2014年

竹山和弘「「新しい公共」の担い手育成に向けたまちづくり組織に関する考察」『京都橘大学大学院文化政策学研究科研究論集』第9号、2015年

竹山和弘「地方自治体とまちづくりの考察－既往研究の検討と論証すべき事象」『京都橘大学大学院文化政策学研究科研究論集』第10号、2016年

田村明『まちづくりの実践』岩波書店、1999年初版

田村明『まちづくりと景観』岩波書店、2005年初版

鶴見和子・川田侃編『内発的発展論』東京大学出版会、1989年初版

暉峻淑子『豊かさとは何か』岩波書店、1989年初版

トマス・ジーバーツ『都市田園計画の展望「間にある都市」の思想』学芸出版社、2006年初版（絶版）、トマス・ジーバーツ『「間にある都市」の思想』水曜社、2017年初版

中谷武雄・織田直文編『文化政策の時代と新しい大学教育　臨地まちづくりと知的財産形成による人づくり』晃洋書房、2005年初版

中野民夫『ワークショップ　新しい学びと創造の場』岩波書店、2001年初版

西尾勝『地方分権改革』東京大学出版会、2007年初版

西尾勝『自治・分権再考－地方自治を志す人たちへ－』ぎょうせい、2013年初版

西村幸夫『西村幸夫 風景論ノート』鹿島出版会、2008年初版

西村幸夫・埒正浩編著『証言・町並み保存』学芸出版社、2007年初版

西村幸夫・伊藤毅・中井祐編『風景の思想』学芸出版社、2012年初版

西村幸夫編著『観光まちづくり－まち自慢からはじまる地域マネジメント』学芸出版社、2009年初版

長谷川浩己・山崎亮編著『つくること、つくらないこと－町を面白くする11人の会話』学芸出版社、2012年初版

畠山武道「アカウンタブルな公共事業への転換－公共事業における住民参加と事業評価－」『地方自治職員研修』34-1、2001年

増田直紀『私たちはどうつながっているのか』中央公論新社、2007年初版

松下圭一『日本の自治・分権』岩波書店、1996年初版

真山達志監修『入門 都市政策』（公財）大学コンソーシアム京都、2009年初版

真山達志編著『ローカル・ガバメント論－地方行政のルネサンス－』ミネルヴァ書房、2012年初版

藻谷浩介『実測！ ニッポンの地域力』日本経済新聞出版社、2007年初版

藻谷浩介『デフレの正体 ── 経済は「人口の波」で動く』角川書店、2010年初版

森まゆみ『反骨の公務員、町をみがく－内子町・岡田文淑の町並み、村並み保存－』亜紀書房、2014年初版

諸富徹・門野圭司「地方財政システム論」有斐閣、2007年初版

山崎亮『コミュニティデザイン　人がつながるしくみをつくる』学芸出版社、2011年初版

山崎亮ほか著『まちの幸福論　コミュニティデザインから考える』NHK出版、2012年初版

山崎亮『ソーシャルデザイン・アトラス－社会が輝くプロジェクトとヒント－』鹿島出版会、2012年初版

山崎亮『コミュニティデザインの時代』中央公論新社、2012年初版

山崎亮「中山間離島地域の住民参加型まちづくりにおける活動主体の形成手法に関する研究－まちづくりコミュニティの形成プロセスを例に－」東京大学博士論文、2013年

丸山真央ほか「嘉田県政誕生をめぐる有権者意識と投票行動－漁船はなぜ軍艦に勝てたのか－」『徳島大学社会科学研究』第21号、2008年
三田妃路佳『政策転換の政治過程－公共事業改革を事例として－』慶應義塾大学博士論文、2006年
柏木恵「財政再建の道のり－滋賀県栗東市：新幹線新駅設置計画中止からの立て直し－」『地方財務』2015年4月号、2015年
東洋経済別冊151『都市データパック』2005年版、東洋経済新報社、2005年
『新幹線新駅整備の波及効果と地域整備戦略の深度化調査報告書』促進協、2003年
『新幹線新駅の需要予測・波及効果の再検証調査　報告書』滋賀県、2006年
『地域開発』vol.528、日本地域開発センター、2008年
大森彌「新たな地域自治の仕組みとまちづくり－求められる発想の転換－」『地方議会人』第35巻第1号、2004年
『地方財務』2015年4月号、ぎょうせい、2015年
『栗東新都心土地区画整理事業 現行計画検証報告書』栗東新都心土地区画整理事業現行計画検証有識者会議、2008年
日本都市計画学会関西支部編『都市・まちづくり学入門』学芸出版社、2011年初版
日本都市センター編『地域公務員になろう－今日からあなたも地域デビュー』ぎょうせい、2012年初版
栗東市　「第五次栗東市総合計画」2010年3月
栗東市　「栗東市都市計画マスタープラン」2007年3月
栗東市　「栗東町中心市街地としての安養寺地区整備基本計画」1994年10月
栗東市　「中心市街地活性化基本計画」2004年3月
栗東市　「百年先のあなたに手渡す栗東市景観計画」2008年6月
栗東市　「栗東の都市計画」2006年3月
栗東市　「景観まちづくり」－コミュニティがつくる風景－　2012年3月
栗東市　「栗東市土地開発公社経営検討委員会報告書」2013年1月
栗東市　「第六次栗東市行政改革大綱 評価・検証結果報告書（総括版）」2014年12月
栗東市商工会「栗東市商業タウンマネージメント計画」2005年3月
かだ由紀子後援会『かだ由紀子マニフェスト"もったいない!!"を活かす滋賀県政を!!』2006年
日本住宅会議編『サステイナブルな住まい 住宅白書2007-2008』ドメス出版、2007年初版
一般社団法人地域社会ライフプラン協会『ライフプラン情報誌　ALPS』vol.113、2013年4月
内閣官房まち・ひと・しごと創生本部事務局「まち・ひと・しごと創生総合戦略」2014年12月
内閣府地方創生推進室「地方版総合戦略策定のための手引き」平成27年1月

索引

間にある都市 ·· 87,89-91,97
あかりの演出PJ ·· 68-69
新しい公共 ························· 15,109,111,118,121,129,132-134,136,147,151
「新たな公」によるコミュニティ創生支援モデル事業（「新たな公」事業）······ 68-69,71-72,137
安養寺
　　　景観まちづくり ·· 87,90,92,107,138
　　　景観まちづくりガイドライン ·· 97
　　　景観まちづくり協議会（安養寺協議会）············ 94-95,99,103-105,107,139
　　　景観まちづくり検討委員会 ·· 92
　　　地区 ·· 87-93,96-97,99,102-103,105-108,138-141
域学連携シンポジウム ·· 57
いちょうまつり ·· 95,102,140
A＋Plus部会 ························· 87,92,95,99-100,102,104-105,117,126,139,142
エリアマネジメント ·· 87,90-91
　　　組織 ·· 87,93-94,99,103-107,138,141
織田直文 ·· 22-23,36,40,92,154
外部人材 ·· 79,92,129,134-137,151
嘉田マニフェスト ·· 19,29,32-33
観音寺
　　　景観まちづくり ··· 65-66,78-79,83-84,92,135
　　　集落 ············· 65-68,71-74,76-79,81-84,135-136,151
　　　集落まるごと里山学校（里山学校）··················· 65,73,78,80-81,83
　　　天水木族（天水木族）·· 68,72,78,82
間伐材活用PJ ·· 68
行政の無謬性 ·· 109,111,119,122,126
景観農業振興地域整備計画（景観農振）·· 71
景観ルール検討部会（景観ルール部会）············ 95,99-100,104-105
広域連携事業 ·· 27,35-36,40
公務（public service）·· 109-110,112-114
　　　領域の三類型 ·· 109-111,113
　　個人活動型の_____ ························ 113-119,123-124,126,148
　　最小限型の_____ ·· 113-116,119-120
　　追求型の_____ ·· 112,114-117,122
公務員的プロボノ活動 ·· 117,123,126
コミュニティ
　　　ガーデン ·· 87,95,99
　　　デザイン ·· 70,87,92
　　　デザイン講座 ·· 93,100-102,141
　　地縁型_____ ·· 107-108,129,136,138-139
　　テーマ型_____ ·· 107,129,136,138-140
古民家活用PJ ·· 68
里山 ·· 65,67
自治体マネジメント ·· 115,121,124,129,132-133,144
市民参画 ·· 15-16,20,46,130,133-134,144,147-148
市民参加のはしご ·· 90,108

索引　159

項目	ページ
集落ビジョンづくり	71
食と地域の交流促進交付金事業（食と地域事業）	73
新幹線新駅	4,13,19-21,24-29,34,45-46
水仙街道プロジェクト（PJ）	68
住まう景観まちづくり	61,151
政策転換	19-21,25,27-29,32-33,37-39,41-42,46
組織マネジメント	109,119-121
大学連携	45,57-60
多様な主体	40-42,45,49,104,134,148
ダンボールアートイベント	81-82
地区計画（制度）	87-88,90,92-97,100,107
中山間地域	65,79,83,137-138,153
中心市街地	46,87-91,106-107,140
定住促進	65,72,74,76-78,81,83,151
田園歴史的風致土地利用促進事業（田園歴史事業）	71
東海道	51-54,60-63,131
新幹線（仮称）栗東駅設置促進協議会（促進協）	26-27,29-30,33,36-37,40
ほっこりまつり	45,47,51-53,56,58-63,66,131,141,151
「堂々！！りっとう景観記念日」事業	95
内発的発展論	21-22
ネットワーク・マネジメント	129,144,150
花と緑のガーデニング部会（花と緑の部会）	95,99,104,139
美の里づくりコンクール	72
百年先のあなたに手渡す栗東市景観計画（百年計画）	46,66,68,71,74
まちづくり	
外発的な_____	15,17,19,22-24,34,40-42
協働・連携型の_____	15,17,45,111,126,129,150
行政主導型の_____	87,91,106,148
住民主導型の_____	15,87,91,93,95,99,102,104-110,114,129,139,141
内発的な_____	4,15,17,22-23,34,40-42,45-46,65,140,147
民間まちづくり活動促進事業	95
モデル創造方式	87,95-98,100,107
山崎亮	70,78,90,92,100-101,117,131-132,137,140
リスク・マネジメント	19,39,42
栗東市	4,12,19-20,23-29,31,35-36,39-40,46,48,50-52,58,60,65,71,73,90-91,94,96-97,142,144
街道百年ファンクラブ（街道百年FC）	45,48-50,68,117,126,135-136,142
街道ものがたり百年協議会（百年協議会）	48-49
景観条例	46,67-68,73
景観百年審議会（百年審議会、景観審議会）	67,136
ローカル・マニフェスト	32
ワカモノミーティング	81

竹山 和弘（たけやま かずひろ）
1972年生まれ。1995年龍谷大学法学部法律学科卒業、栗東町（現・栗東市）入庁。2007年社会人学生として京都橘大学大学院文化政策学研究科博士課程に入学、2016年、博士（文化政策学）。市役所職員としての傍ら栗東市街道百年ファンクラブ、TEAM街道知部、A+Plus（エイプラス）、栗東市職員まちづくり研究グループ「くりつく」などを通じたまちづくり活動を実践している。

まちを楽しくする仕事

発行日	2018年4月 1 日　初版第一刷発行	
	2019年3月28日　初版第二刷発行	
著　者	竹山 和弘	
発行人	仙道 弘生	
発行所	株式会社 水曜社	
	〒160-0022 東京都新宿区新宿 1-14-12	
	TEL03-3351-8768　FAX 03-5362-7279	
	URL suiyosha.hondana.jp/	
本文DTP	小田 純子	
装　幀	吉田 光（TRAD &c)	
印　刷	日本ハイコム 株式会社	

©TAKEYAMA Kazuhiro 2018, Printed in Japan　ISBN 978-4-88065-441-6 C0036

本書の無断複製（コピー）は、著作権法上の例外を除き、著作権侵害となります。
定価はカバーに表示してあります。落丁・乱丁本はお取り替えいたします。

 地域社会の明日を描く──

和菓子　伝統と創造
何に価値の真正性を見出すのか
森崎美穂子 著
2,500 円

文化芸術基本法の成立と文化政策
真の文化芸術立国に向けて
河村建夫・伊藤信太郎 編著
2,700 円

アーツカウンシル
アームズ・レングスの現実を超えて
太下義之 著
2,500 円

「間にある都市」の思想
拡散する生活域のデザイン
トマス・ジーバーツ 著　蓑原敬 監訳
3,200 円

クラシックコンサートをつくる。つづける。
地域主催者はかく語りき
平井満・渡辺和 著
2,500 円

コミュニティ 3.0
地域バージョンアップの論理
中庭光彦 著
2,500 円

無形学へ　かたちになる前の思考
まちづくりを俯瞰する5つの視座
後藤春彦 編著
3,000 円

学びあいの場が育てる地域創生
産官学民の協働実践
遠野みらい創りカレッジ 編著
樋口邦史・保井美樹 著
2,500 円

包摂都市のレジリエンス
理念モデルと実践モデルの構築
大阪市立大学都市研究プラザ 編
3,000 円

都市と堤防
水辺の暮らしを守るまちづくり
難波匡甫 著
2,500 円

防災福祉のまちづくり
公助・自助・互助・共助
川村匡由 著
2,500 円

町屋・古民家再生の経済学
なぜこの土地に多くの人々が訪ねてくるのか
山崎茂雄 編著
野村康則・安嶋是晴・浅沼美忠 著
1,800 円

アートの力と地域イノベーション
芸術系大学と市民の創造的協働
本田洋一 著
2,500 円

全国の書店でお買い求めください。価格はすべて税別です。